Fibel für autogenes Training

Fibel für autogenes Training

Anleitung für Übende

MR Prof. Dr. sc. med. Werner König
Chefarzt der Psychotherapeutischen Klinik
der Zentralklinik für Psychiatrie und Neurologie „Wilhelm Griesinger"
Berlin

OMR Dr. med. Gerhard di Pol
Ärztlicher Direktor der Fachpoliklinik für Psychotherapie
der Stadt Leipzig

Dr. med. Gerhard Schaeffer (†)
Ehem. Oberarzt in der Abteilung für Internistische Psychotherapie der
Klinik für Innere Medizin der Friedrich-Schiller-Universität Jena

9., unveränderte Auflage

SEMPER BONIS ARTIBUS

VEB Gustav Fischer Verlag Jena · 1990

1. Auflage 1976
2. Auflage 1977
3. Auflage 1978
4. Auflage 1979
5. Auflage 1982
6. Auflage 1983
7. Auflage 1984
8. Auflage 1988

König, Werner:
Fibel für autogenes Training: Anleitung für Übende/
Werner König; Gerhard di Pol; Gerhard Schaeffer (†) –
9., unveränd. Aufl. – Jena: Gustav Fischer Verl.,
1990. – 47 S.: Ill.

ISBN 3-334-00250-0

9., unveränderte Auflage

Lizenznummer 261 700/164/90
LSV 2189
Illustrationen: Annemirl Riehl, Wiederitzsch
Lektor: Bernd Rolle
Hersteller: Erika Winkler.
Printed in the German Democratic Republic
Gesamtherstellung: Druckhaus Schwerin II-16-8 (2180)
Gesetzt aus 9p Univers
Bestellnummer 533 720 5
00440

In den mehr als 50 Jahren seit Einführung des autogenen Trainings ergaben sich durch die vielfache praktische Anwendung manche Veränderungen in der Durchführung der Übungen und in der Unterweisung der Lernenden. Eine einfach gehaltene Darstellung des Verfahrens, auch als Anleitung für Übende, wurde erforderlich. Der Vorstand der Sektion „Autogenes Training und Hypnose" der Gesellschaft für ärztliche Psychotherapie der DDR hat das Autorenkollektiv angeregt, eine dem Stand der internationalen Entwicklung entsprechende Übungshilfe für das Erlernen des autogenen Trainings zu erarbeiten.

Das Büchlein hat bei den Übenden, den Lehrenden und auch bei denen, die sich zunächst nur über das autogene Training informieren wollten, bisher eine positive Aufnahme gefunden. Das ergibt sich auch daraus, daß unveränderte Nachdrucke in kurzen Abständen erforderlich waren.

Die inzwischen 5jährige Arbeit mit dieser Anleitung in unseren Patientengruppen hat uns eine Reihe von Hinweisen für eine Überarbeitung gebracht, die der Verlag für die vorliegende Auflage in dankenswerter Weise angeregt hatten. Die Grundlinien blieben unverändert, da sie sich offenbar bewährt haben. Wir waren bemüht, den Informationsgehalt und die Verständlichkeit – insbesondere im Hinblick auf den Einsatz im Rahmen der Therapie – weiter zu verbessern, ohne dadurch den Umfang des Büchleins wesentlich zu erweitern.

Das für die Praxis der psychotherapeutischen Behandlung Wichtigste ist der mittlere Teil der Fibel mit seiner knappen Darstellung der einzelnen Übungen. Die Erfahrung zeigt, daß die Möglichkeit, das im Kurs Gehörte noch einmal in Ruhe nachzulesen, das Verständnis für die Übungen fördert und Mißverständnisse verringert. Das Heft soll auch die Möglichkeit zum späteren Nachlesen und, besonders durch das 3. Kapitel, eine Hilfe für den weiteren, selbständigen Gebrauch des autogenen Trainings geben.

Januar 1982 Die Verfasser

Inhaltsverzeichnis

1. Einführung in das autogene Training

Etwa seit der Jahrhundertwende finden nervöse Störungen in der medizinischen Forschung und im öffentlichen Leben zunehmende Beachtung. Ob das wirklich darin begründet liegt – wie vielfach geäußert wird –, daß die moderne Lebensweise für den Menschen so viel belastender und gesundheitsschädigender ist und deshalb die nervösen Störungen zunehmen, bedarf noch exakter Untersuchungen. Es ließe sich auch eine Reihe von Argumenten dafür anführen, wie viele Belastungen, denen frühere Generationen ausgesetzt waren, uns heute erspart bleiben. Wie dem auch sei: *die Bedeutung nervöser Störungen nimmt zu.* Je mehr es der Medizin gelang, lebensbedrohliche Krankheiten zu heilen, je mehr Seuchen ausgerottet und je mehr Infektionskrankheiten beherrscht werden, desto mehr treten andere Erkrankungen ins Blickfeld; u. a. die funktionell-nervösen Störungen. Bei diesen weitverbreiteten Beeinträchtigungen der Gesundheit findet sich bei der ärztlichen Untersuchung zwar kein organischer Befund, der die Beschwerden erklärt. Trotzdem können die davon Betroffenen aber stark leiden und in ihrer Leistungsfähigkeit und Lebensfreude erheblich eingeschränkt sein. Auch werden häufig organische Erkrankungen durch gleichzeitige psychische Belastungen kompliziert, wodurch die Beschwerden verstärkt, der Verlauf verzögert und die Behandlung erschwert werden können.

Ohne auf das Wesen nervöser Störungen genauer einzugehen, müssen zum Verständnis des folgenden zwei ihrer Kennzeichen erwähnt werden.

Nervöse Störungen sind Folgen innerer Spannungen (die auf vielfältige Weise – auch bei äußeren Anlässen – durch bewußte oder unbewußte Konflikte entstehen), **und sie können nicht ohne aktive Mitarbeit des Patienten behoben werden.** Aus dieser Erkenntnis heraus wurde in der ersten Hälfte unseres Jahrhunderts eine Reihe von Selbstentspannungsmethoden entwickelt, die nur zeitweilige Bedeutung gewannen und wieder in Vergessenheit gerieten.

Die in den zwanziger Jahren von dem Nervenarzt Prof. Dr. Johannes Heinrich Schultz entwickelte Selbstentspannungsmethode bewährte sich dagegen und fand besonders nach dem zweiten

Weltkrieg eine weltweite Verbreitung. Wie bei der Anwendung des autogenen Trainings dargestellt werden wird, hat sie sich auch wichtige Anwendungsbereiche außerhalb der Medizin erobert. Prof. J. H. Schultz nannte die von ihm entwickelte Methode **Autogenes Training – Konzentrative Selbstentspannung.**

Bevor wir die Übungen und die Anwendungsmöglichkeiten des autogenen Trainings darstellen, erscheint es notwendig, die Vorgänge zu erläutern, auf denen das Verfahren beruht. Nun enthält der von Schultz für seine Methode gewählte Titel und Untertitel bereits alles Wesentliche, so daß eine solche Erläuterung darauf hinausläuft, für den am autogenen Training Interessierten aufzuzeigen, was sich hinter diesen Begriffen – *Entspannung, autogene* (selbsttätige) *Entspannung, Konzentration und Training* in dem von ihm gemeinten Sinne verbirgt.

1.1. Entspannung

Entspannung ist ein Wort, das man heute viel benützt, das aber in sehr unterschiedlichem Sinne gebraucht wird. Wir sprechen von Spannung und Entspannung im politischen Sinne, von Spannungen und Entspannungen in einer kritischen Situation eines Kollektivs oder auch in einer Ehe. Schließlich sprechen wir von Entspannung im Sinne von Erholung. Bei der Erholung durch Entspannung gehen immer mehr Bestrebungen dahin, diese Entspannung als aktive Erholung zu suchen: besonders durch Sport, aber auch durch Wandern, Gartenarbeit oder andere Hobbies, die ein gesundes Gegengewicht zu der bei vielen Menschen heute zu bewegungsarmen Berufsarbeit bringen. Diese Entspannung ist oft mit erheblichen Muskel- und Kreislaufleistungen verbunden und unterscheidet sich dadurch von dem Entspannungszustand, der im autogenen Training angestrebt wird. Die Entspannung im autogenen Training ist verbunden mit körperlicher Ruhe. **Die wesentliche Gemeinsamkeit der aktiven**

Entspannung und des entspannten Ruhezustandes liegt darin, daß in beiden Fällen alle nervösen Regulationen zielgerichtet und harmonisch abgestimmt sind. Davon wird bei dem Problem der Konzentration noch die Rede sein.

Gemeint ist damit: Man wird sich bei einer sportlichen Betätigung nur „entspannen", wenn man ganz bei der Sache ist, alles andere für diese Zeit weitgehend vergißt. Sobald eine innere Widersprüchlichkeit auftritt, wird die Entspannung beeinträchtigt. Wer bei einer sportlichen Betätigung ständig an andere Pflichten denkt, entspannt sich weniger als einer, der sich ganz davon lösen kann.

Der Zustand, der im autogenen Training angestrebt wird, bewirkt im Unterschied zur aktiven Erholung nun nicht nur diese Harmonisierung und den Ausgleich widerstreitender konflikthafter Strebungen, sondern zugleich auch eine tiefe körperliche Ruhe. Bei jeder Tätigkeit, bereits während man sich eine Handlung vornimmt, stellt sich ein körperlicher Spannungszustand ein, der zunächst eine sinnvolle Leistungsbereitschaft bedeutet. In Extremfällen dieser Umschaltung auf Leistung spricht man von Stressreaktion. Der Ausdruck Stress wird häufig verwandt zur Bezeichnung für eine den Organismus betreffende Belastung. Ursprünglich und im wissenschaftlichen Sprachgebrauch ist damit aber die Reaktion des Organismus auf die Belastung (Stressor) gemeint.

Im Zustand der Leistungsbereitschaft sind alle Regulationssysteme von der Hirnrinde über tiefere Hirnregionen, Kreislauf, Atmung, Muskelspannung und vieles andere bis zum Hormonsystem so eingestellt, daß die Organsysteme Maximales zu leisten vermögen (Ergotrope Gesamtumschaltung – Umschaltung auf Leistung, Energiefreisetzung im Stoffwechsel). Ein solcher Zustand kann ohne schädigende Folgen nur über eine begrenzte Zeit bestehen. Jeder Zustand leistungsmäßiger Anspannung bedarf einer Ablösung durch Entspannungszustände.

Die natürlichste und jedem vertraute Entspannung ist der Schlaf. Die für kurze Zeit (bis zu 2 Stunden) extremste und damit erholsamste Entspannung ist der Zustand in der Versenkung der Hypnose oder (der Selbsthypnose) des autogenen Trainings, weil hier alle Regulationsvorgänge auf das **Gegenteil der Stressaktion** (Trophotrope Gesamtumschaltung – Umschaltung auf Erholung, Stoffwechselaufbauphase) eingestellt werden, und zwar in einem Maße, wie es nur durch eine spezielle Übungstechnik zu erzielen ist.

Die Umstellung des Organismus auf Leistung ist willkürlich möglich oder stellt sich bereits automatisch beim Entschluß zu einer Handlung ein. Ist die Handlung abgeschlossen, klingt normalerweise die Spannung wieder ab. Oft geschieht dies aber nicht oder nicht in ausreichendem Maße, besonders dann, wenn eine Tätigkeit die andere drängt.

Das Ziel des autogenen Trainings besteht darin, zu lernen, den dem Stressvorgang entgegengerichteten erholsamen Ruhezustand vorsätzlich herbeizuführen und durch regelmäßiges Training diesen Regulationsvorgang („Rückholfeder") so zu verstärken, daß der Organismus verschiedensten Belastungen besser gewachsen ist.

1.2. Selbstentspannung

Die sinnvolle Wirkung von Phasen intensiver Entspannung zur Rückgewinnung der Leistungsfähigkeit nach Phasen von Anspannung ist eigentlich für jeden ohne weiteres verständlich und bedürfte keiner besonderen Erläuterung.

Das Kernproblem des autogenen Trainings sowohl vom Verständnis als auch von der praktischen Seite ist die Frage, wie man schnell selbsttätig (autogen) zu tiefen, erholsamen Entspannungszuständen kommt. Diese Frage stellt sich besonders für den, der das autogene Training erlernen möchte, um nervöse Störungen zu beseitigen. Es ist Ziel des autogenen Trainings, den Organismus in allen seinen Bereichen auf Ruhe umzustellen. Wer nervöse Störungen kennt, weiß aber, daß sie sich abspielen in Bereichen und in einer Art und Weise, die durch Willensanstrengungen kaum oder gar nicht zu beeinflussen sind. In vereinfachter Weise unterscheidet man oft zwischen einem willkürlichen und einem unwillkürlichen Steuerungsbereich unseres Organismus.

Ein Beispiel soll das veranschaulichen:

Man kann einen Bissen willkürlich abbeißen, wann und wie man will, man kann ihn kauen so oft man will, und man kann ihn schließlich schlucken, wann man möchte, – von da an ist es aber mit dem Willkürlich zu Ende. Auf das, was danach durch die Verdauung mit dem Bissen geschieht, haben wir so gut wie keinen Einfluß mehr. Verdauung und Kreislauf sind die wichtigsten, wenn auch nicht die einzigen Steuerungsbereiche des sogenannten unwillkürlichen Nervensystems. In diesen Bereichen wirken sich viele nervöse Störungen aus. Bei nervös bedingten psychischen Störungen liegen zwar die Zusammenhänge komplizierter, die willkürlichen Einflußmöglichkeiten auf Unruhe, Angst u. ä. sind aber ebenso begrenzt.

Wenn es nun das Ziel des autogenen Trainings ist, den gesamten Organismus auf Ruhe umzustellen, und wenn sich nervöse Störungen im Bereich der unwillkürlichen Steuerung abspielen, so kommt es also darauf an, den Organismus auch – oder besonders – in den Bereichen auf Ruhe umzustellen, die üblicherweise unserem Willen nicht zugänglich sind. Man könnte überspitzt formulieren: **Es kommt im autogenen Training darauf an, einen willkürlichen Einfluß auf sonst unwillkürliche Funktionen des Organismus zu erlernen.**

Man fragt sich natürlich, warum man von einem unwillkürlichen Teil spricht, wenn es möglich sein soll, auch auf diesen Bereich einen willkürlichen Einfluß auszuüben.

Nun ließe sich es in der Tat fragen, ob die Bezeichnungen „willkürliches" und „unwillkürliches" Nervensystem sehr glücklich gewählt sind. Wir wollen aber nicht um Worte streiten, sondern der Sache nachgehen.

Von der Sache her interessiert die Frage: Wie ist das mit der Grenze zwischen diesen beiden Bereichen des Organismus, zwischen dem, über den ich frei verfügen kann, und dem anderen, der gleichsam automatisch funktioniert und auf dessen normale Funktion ich ohne wesentliche Einflußmöglichkeiten angewiesen bin. Ist diese Grenze verschieblich, oder ist das eine angeborene Gegebenheit unseres Organismus, die wir einfach annehmen müssen? Legt man sich diese Frage vor, so bedarf es keiner wissenschaftlichen Kenntnis, um sie sich weitgehend selbst zu beantworten. Geboren werden wir mit dieser Trennung zweifellos nicht. Man stelle sich nur einen Säugling vor: Von willkürlichen Handlungen kann da noch gar keine Rede sein. Erst im Laufe der Lebensentwicklung, vorwiegend in der Vorschulzeit, lernen wir einen Teil unseres Organismus willkürlich zu steuern. Wenn dabei auch anlagemäßige Gegebenheiten eine Rolle spielen, so ist doch viel entscheidender, daß es sich um einen Lernprozeß handelt, der einem Auswahlprinzip unterliegt.

So überraschend es auch klingen mag, wir wären imstande jede einzelne Funktion unseres Organismus willkürlich steuern zu lernen. Wir wären aber nicht in der Lage, sie dann alle gleichzeitig zu beherrschen. Unser Bewußtsein wäre damit völlig überfordert. Es ist ein Prinzip der Steuerung unserer Nerventätigkeit, das Bewußtsein möglichst dafür frei zu halten, uns denkend und handelnd auf unsere Umwelt einzustellen. Dieses Prinzip spielt nicht nur bei der Entwicklung des Kindes zum Erwachsenen eine Rolle, man kann sich von seiner Wirksamkeit auch beim Erwachsenen überzeugen.

Ein typisches Beispiel ist das Erlernen von Maschinenschreiben. Der Anfänger muß jedesmal überlegen, wo die gesuchte Type liegt und mit welchem Finger sie anzuschlagen ist. Fragt man aber eine Sekretärin, die lange im Beruf ist, wo ein bestimmter Buchstabe auf der Maschine liegt und mit welchem Finger er anzuschlagen ist, so kann sie das oft auf Anhieb nicht beantworten, obwohl sie diesen Buchstaben vielleicht . . .zigmal am Tage schreibt. Wenn sie aber so – gewissermaßen „automatisch" – schreibt, hat sie ihr Bewußtsein frei für wichtigere Dinge, in ihrem Fall z. B. ob ein Wort richtig geschrieben oder ein Komma richtig gesetzt ist.

Ein weiteres Beispiel ist das Erlernen von Autofahren. Der Fahrschüler sieht sich einer Fülle von Hebeln gegenüber, die er anfangs nicht zu übersehen glaubt, aber später, wenn „es" praktisch „automatisch" lenkt, schaltet, bremst, hat er sein Bewußtsein frei, um sich der Verkehrssituation zu widmen. Ein Beispiel, das besonders eindrucksvoll zeigt, wie zweckmäßig es ist, nur die nötigsten Funktionen bewußt zu vollziehen und die, die automatisch gut ablaufen, unbewußten Regulationen zu überlassen.

Zurück zu unserem Problem: Wir erlernen aus dem gleichen Grunde im Laufe der Entwicklung von vornherein nur die Steuerung der Funktionen, die wir voraussichtlich brauchen, um uns denkend und bewußt handelnd auf wechselnde Umweltgegebenheiten einzustellen. Dieser auswählende Lernprozeß ist viel entscheidender als anatomische Gegebenheiten des Nervensystems, die, soweit sie in diesen Fragen eine Rolle spielen, entwicklungsgeschichtlich ebenfalls auf die beschriebenen Zusammenhänge zurückzuführen sind.

Trotzdem mag es manchem noch unglaubhaft erscheinen, vorher unwillkürlich ablaufende Funktionen vorsätzlich beeinflussen zu lernen. Es wird aber sogleich weniger unwahrscheinlich, wenn man sich einmal klarmacht, daß uns ja das, was uns im Bereich der willkürlichen Steuerung so leicht und selbstverständlich erscheint, nicht zugefallen ist, sondern daß wir es uns sehr mühsam erworben haben.

Wir hatten festgestellt, daß es beim Säugling noch keinerlei willkürliche Handlungen gibt, sondern daß sie erst im Laufe der Entwicklung schrittweise erlernt werden, und zwar, worauf wir hier hinweisen möchten, durch einen enormen Übungsaufwand. Davon kann sich jeder durch die Beobachtung von Kleinkindern überzeugen, vielleicht kann er sich selbst auch noch zum Teil daran erinnern. Man beobachte zum Beispiel, wie ein Kleinkind versucht, aus Bausteinen einen Turm aufzusetzen. Auch wenn er noch so oft hinfällt, mit Unermüdlichkeit wird es immer und immer wieder versucht! Unter diesem Gesichtspunkt betrachtet könnte man sagen, daß Kinder eigentlich ständig damit beschäftigt sind, zu lernen und ihre Fähigkeiten zu üben, auch wenn sie es selbst nicht so empfinden. Wer kennt nicht ihr: „Ich möchte das auch mal versuchen", „Ich bringe das auch schon", „Laß mich das mal machen". Und trotzdem, wie lange dauert es, bis Fertigkeiten, die uns als Erwachsenen so selbstverständlich und einfach erscheinen, beherrscht werden. Wie mühsam beispielsweise, zu lernen, eine Schleife zu binden und sich die Schuhe selbst zuzuschnüren!

Wenn man sich nun vorstellt, daß man eine solche jahrelange Mühe und Ausdauer auch an die Erlernung anderer Funktionen wenden würde, so ist es längst nicht mehr so unwahrscheinlich, sie erlernen zu können. Nun braucht keiner zu fürchten, der beabsichtigt, das autogene Training zu erlernen, dazu so lange zu brauchen wie als Kind zu Beherrschung seiner Körpermotorik. Um beispielsweise einen Buchstaben schreiben zu lernen, muß ein kompliziertes Zusammenspiel verschiedener Muskeln eingeübt werden. Die Zielstellung des autogenen Trainings aber war eine viel einfachere, nämlich alle Funktionen auf Ruhe umzustellen. Wenn wir diesen Unterschied übertragen auf ein Organ, das bei den Übungen des autogenen Trainings eine Rolle spielt, nämlich das Herz, so heißt das, daß man im autogenen Training lediglich lernt, das Herz auf seinen normalen Ruheschlag einzuregulieren und nicht etwa willkürlich auf 40, 60, 80, 100 oder 120 Schläge pro Minute umzustellen.

Auch das könnte man lernen. Man weiß aus dem indischen Yoga, daß es möglich ist, das Herz fast bis zum Stillstand zu verlangsamen. Ob das gesundheitsfördernd ist, erscheint zweifelhaft, wir möchten vor solchen Experimenten jedenfalls ausdrücklich warnen. (Die Yogatechniken sind ja primär religiöse Riten, auch wenn sie heute aus kommerziellen und anderen Gründen als besonders gesundheitsfördernd propagiert werden.) Es ist aber interessant, daß eine so weitgehende Beeinflussung der Herzfunktion möglich ist.

Wenn es geht, sein Herz willkürlich bis zum vorübergehenden Stillstand zu verlangsamen, muß es vergleichsweise einfach sein, es auf seine normale Ruhefunktion einzuregulieren.

Allein damit wäre schon viel gewonnen. Man stelle sich vor, sein Herz bei Aufregungen, Schmerz, Angst auf Ruhe umstellen zu können. Damit wäre diesen Situationen schon die Spitze abgebrochen. Ein Schmerz mit einem ruhig schlagenden Herzen wird viel leichter zu ertragen sein, als wenn in einem Teufelskreis von Angst und Schmerz die Situation immer unerträglicher wird (Beispiel: Zahnarzt, vgl. auch 3.1.).

Wer bis hierher gefolgt ist und sich nun vorstellen kann, daß ein Einfluß auf vorher völlig unwillkürliche Funktionen möglich ist, dem wird, selbst wenn er die Bereitschaft hat, einige Mühe daran zu wenden, die Frage noch offen sein, wie denn ein solches Üben vor sich gehen soll. Im Vergleich zu den Funktionen, die jeder selbstverständlich erlernt, also die Beherrschung der Körpermotorik, stehen wir bei der Erlernung eines Einflusses auf vorher unwillkürliche Funktionen vor einer besonderen Schwierigkeit, nämlich der mangelhaften oder völlig fehlenden Rückmeldung des vorhandenen Zustandes, auf den man Einfluß nehmen möchte.

Über die Stellung seiner Gliedmaßen ist man jederzeit informiert und kann Erfolg oder Mißerfolg von Bewegungen leicht kontrollieren und korrigieren. Über den Zustand unserer Muskelspannung sind wir nur sehr unzureichend informiert, über den des Gefäßsystems und der Verdauungsorgane – von Ausnahmesituationen abgesehen – gar nicht. Deshalb finden wir schwerer einen steuernden Zugang zu diesen Bereichen.

Der Zugang zu diesen Organsystemen ist aber gegeben durch eine allgemeine Gesetzmäßigkeit unserer Nerventätigkeit. *Unsere psychischen Abläufe – Gedanken, Gefühle, Vorstellungen – spielen sich nicht nur, wie oft vereinfachend angenommen wird, im Gehirn ab, sondern sie sind immer und notwendig verbunden mit körperlichen Abläufen.* Die Ursachen dafür sind teils angeborene Reaktionen, teils erworbene bedingte Reflexe. Was daran aber in unserem Zusammenhang von besonderem Interesse ist, ist die Tatsache, daß Vorstellungen in bezug auf unseren Körper zwangsläufig verbunden sind mit körperlichen Vorgängen in Richtung des Vorgestellten.

Diese vielfach bewiesene und seit langem bekannte Tatsache wurde beispielsweise durch folgendes Experiment belegt. Versuchspersonen erhielten die Aufforderung, sich auf ein bestimmtes Zeichen hin vorzustellen, sie hätten die Hand zur Faust geballt. Dabei wurden die bei der Muskeltätigkeit auftretenden feinen elektrischen Muskelaktionsströme registriert. Es zeigte sich, daß die Vorstellung, die Hand zur Faust zu ballen, zu Spannungen in den entsprechenden Muskeln führte (wie durch die Aktionsströme nachgewiesen werden konnte), ohne daß Bewegungen auftraten und ohne daß die Versuchspersonen die Muskelspannungen selbst wahrnahmen.

Nach dem gleichen Vorgang, der diesem Experiment zugrunde liegt, vollzieht sich das Üben beim autogenen Training. Nur die Vorstellungen sind den einzelnen Übungen entsprechend andere, so wird beispielsweise Entspannung der Muskulatur vorgestellt statt Anspannung in dem beschriebenen Experiment.
Was der Übende diesem Experiment aber besonders entnehmen sollte:

Kommt die entsprechende Vorstellung zustande, dann tritt notwendig ein körperlicher Ablauf ein, auch wenn er vom Übenden nicht registriert wird.

Es ist einer der häufigsten Fehler bei dem Erlernen des autogenen Trainings, daß der Übende annimmt, die Übung sei „nicht gelungen“, weil er vom Eintritt einer Reaktion nichts verpürt hat.

1.3. Konzentrative Selbstentspannung

J. H. Schultz nannte das autogene Training im Untertitel *„Konzentrative Selbstentspannung“*, um von vornherein darauf hinzuweisen, daß dem Konzentrationsproblem bei diesem Verfahren eine hervorragende Bedeutung zukommt. Damit ist aber nicht gemeint (ein häufiges Mißverständnis!), daß autogenes Training ein besonderes Maß an Konzentration im landläufigen Sinne verlange, worunter man im allgemeinen so etwas wie Willensanstrengung versteht. Damit hat das autogene Training nichts zu tun, Willensanstrengung ist ihm sogar entgegengerichtet!

Für die Art der Konzentration, die das autogene Training erfordert, prägte der bekannte Hirnforscher Oskar Vogt schon vor langer Zeit den Ausdruck *„passive Konzentration“*. Die passive Konzentration ist ein Bewußtseinszustand, in den man in bestimmten Situationen spontan verfällt, den man aber ohne besondere Übung nicht vorsätzlich herbeiführen kann. Typisch für die passive Konzentration ist das Erlebnis, ganz auf eine Sache eingestellt zu sein, ohne sich dabei anzustrengen. Vom Musikhören oder Lesen ist den meisten Menschen dieser Zustand bekannt. Man ist ganz von einer Sache erfüllt und *„vergißt alles um sich her"*. Dieser Zustand von Konzentration (passive) ist sehr verschieden von dem, was wir meinen, wenn wir jemanden auffordern, er möge sich doch bei seiner Arbeit etwas mehr konzentrieren (aktive Konzentration).

Nun besteht zwischen autogenem Training und dem Bewußtseinszustand der passiven Konzentration ein sehr enger Zusammenhang.

Um das zu belegen, wollen wir auf die Entstehung des autogenen Trainings zurückgreifen. O. Vogt hatte festgestellt, daß intelligente Versuchspersonen nach wiederholten Hypnosen imstande waren, sich selbst in einen hypnotischen Zustand zu versetzen. Von diesen Beobachtungen wurde Schultz angeregt, die Veränderungen zu studieren, die im hypnotischen Zustand auftreten. Er fand bei einer großen Zahl von Versuchspersonen, daß sie im Zustand der Hypnose zunächst Gliederschwere, später Wärme und andere Erscheinungen wahrnehmen, die sich auch als objektive körperliche Veränderungen nachweisen ließen.

Aus den bei der Hypnose festgestellten körperlichen Veränderungen entwickelte Schultz sein System der Übungen des autogenen Trainings. Man kann das autogene Training als Selbsthypnose auffassen. J. A. Schultz vermied diese Bezeichnung, um das autogene Training nicht mit den falschen mystischen Vorstellungen zu belasten, die der Hypnose damals noch mehr anhafteten als heute, aber auch, um den Übungscharakter der Methode durch den Ausdruck Training zu unterstreichen.

Nun läßt sich die Hypnose auffassen als eine besonders starke passive Konzentration des Hypnotisierten. **Man kann also sagen, daß die körperlichen Erscheinungen im autogenen Training und der Bewußtseinszustand der passiven Konzentration einander bedingen, zwei Seiten einer psychophysischen Gesamtumschaltung sind.**

Das bedeutet: Wären wir in der Lage, uns in ausgeprägter passiver Konzentration auf unseren Körper einzustellen, so würden die körperlichen Vorgänge des autogenen Zustands von selbst eintreten. Andererseits: Könnten wir die körperlichen Erscheinungen dieses Zustandes herbeiführen, würde das den Bewußtseinszustand einer passiven Konzentration nach sich ziehen.

Beim praktischen Erlernen des autogenen Trainings werden körperliche Umschaltung und passive Konzentration zugleich, oder genauer gesagt, in enger Wechselbeziehung schrittweise erlernt.

Dem Anfänger macht es oft Schwierigkeiten, die richtige innere Einstellung beim Üben zu finden. Das Vorstellen der körperlichen Erscheinungen ist **mehr ein Geschehenlassen als ein Tun,** jedenfalls ist jede Willensanstrengung zu vermeiden. Man versuche, sich die Vorstellungen und die zugehörigen Formeln so zu vergegenwärtigen, als hinge man einem Lieblingsgedanken nach. Dabei stellen sich zwangsläufig andere Gedanken ein, die man vorüberziehen lassen, gegen die man aber keineswegs anzukämpfen versuchen sollte. Es ist völlig unvermeidlich, daß sich beim Üben andere Gedanken einstellen, Geräusche und Körperempfindungen wahrgenommen werden. Damit sollte man von vornherein rechnen und nach solchen Ablenkungen geduldig zu seinen Vorstellungen zurückkehren. Im Laufe der Übungen wird der Ablauf fremder Gedanken ruhiger, Geräusche rükken immer mehr in die Ferne und Körperempfindungen werden gleichgültiger. Wenn die ersten körperlichen Phänomene spürbar werden, gelingt es zunehmend leichter, sich ihrer Empfindung zu überlassen und in der Haltung des Geschehenlassens autogen in eine Entspannung zu gleiten, die man in fortgeschrittenen Stadien mit gutem Grund als Versenkungszustand oder Selbsthypnose bezeichnen kann.

1.4. Training der konzentrativen Selbstentspannung

Für die von Schultz entwickelte autogene Entspannung hat die Bezeichnung *Training* in 3facher Hinsicht ihre Berechtigung. Zunächst in dem einfachen Sinne: ohne Fleiß kein Preis. Wie bei den Übungen dargestellt wird, ist das autogene Training nur durch längeres, regelmäßiges Üben zu erlernen. Das bedarf keiner weiteren Erläuterung.

Der zweite Trainingsvorgang, der eine Rolle spielt, hängt mit dem Verhältnis von Vorstellung und Formel zusammen. Wir hatten festgestellt, daß jede Vorstellung in bezug auf unseren Körper auch körperliche Reaktionen nach sich zieht. Diesen Vorgang, durch Vorstellungen körperliche Reaktionen hervorzurufen, bezeichnet man als **Autosuggestion.**

Solche Autosuggestion hat fast jeder Mensch schon versucht, auch wenn er nicht wußte, worum es sich dabei handelte. Sei es, daß er versuchte, durch beruhigende Vorstellungen besser einzuschlafen, durch Vorstellung von Wärme kalte Gliedmaßen zu erwärmen oder ähnliches.

Wenn man solche Autosuggestionen unter verschiedenen Bedingungen versucht, so stößt man folgende Erfahrung: Autosuggestionen realisieren sich gut, wenn man sich wohl befindet, wenn man Ruhe hat, keine Beschwerden und auch sonst von nichts Störendem beeinträchtigt wird. Das sind aber zugleich Situationen, in denen kaum ein Bedarf besteht, auf den Nutzen von Autosuggestionen zurückzugreifen. Dann aber, wenn man sie brauchen könnte, bei Unruhe, Schmerzen u. ä., gelingen Autosuggestionen meist schlecht oder gar nicht.

Das ist auch einer der Gründe, weshalb sich verschiedentlich entwickelte autosuggestive Techniken nicht durchgesetzt haben. Hier liegt auch der Unterschied von „Selbsthypnose" und autogenem Training.

Das autogene Training überwindet diese Schwäche der Autosuggestion durch einen sehr wichtigen Kunstgriff. Die autosuggestive Vorstellung wird nämlich eng verbunden mit der lautlosen inneren Formulierung dessen, was man sich vorstellt. Man spricht meist vereinfachend von der *„Vergegenwärtigung der Formeln"*. Genaugenommen ist es aber ein paralleler Ablauf von Vorstellung und innerer lautloser Formulierung. Der zweite Trainingsvorgang besteht nun darin, daß im Laufe der ständigen Wiederholungen der Effekt weniger autosuggestiv durch den Vorstellungsanteil, sondern *immer mehr reflektorisch durch die Formel hervorgerufen* wird. Dieser Vorgang ist von großer praktischer Wichtigkeit; denn lebhaft vorstellen kann man nur in günstigen Situationen, innerlich lautlos formulieren aber fast in jeder Lebenslage. Je besser die reflektorische Wirkung eintrainiert an die Formel gebunden ist, desto eher kann auch mit dem Eintritt der autogenen Umschaltung gerechnet werden.

Auch das läßt sich am Beispiel Zahnarzt leicht klarmachen. Es wird manchem auf dessen Behandlungsstuhl kaum möglich sein, sich lebhaft in beruhigende Vorstellungen hineinzuversetzen. Es hindert aber nichts, innerlich lautlos zu formulieren. Je besser dieser zweite Trainingseffekt bereits eingetreten ist, desto eher wird sich der Entspannungszustand einstellen, auch wenn die Vorstellung nur blaß oder gar nicht gelingt.

Die dritte Form der Trainingswirkung führt zu einem Effekt, der dem Ergebnis sportlichen Trainings vergleichbar ist. *Der Entspannungszustand im Training wird zwar vom Übenden als Ruhe erlebt, vom Nervensystem aus gesehen ist es aber ein aktiver Prozeß, und zwar ein trainierbarer.* So kommt es, daß beim regelmäßigen häuslichen Üben der Trainingseffekt auch außerhalb der Übung zur Wirkung kommt, auch wenn derjenige gar nicht daran denkt. Wer regelmäßig ein Lauftraining durchführt, wird zwangsläufig, ob er an sein Training denkt oder nicht, beim Kohlenholen weniger Atemnot bekommen. Analog sind die Wirkungen des autogenen Trainings, nur daß dabei Schon- und Erholungsregulationen spontan einsetzen. Viele Übende berichten, ihnen sei aufgefallen, daß sie in Situationen, in denen sie sich früher erregten, Ruhe und Übersicht behielten. Dabei führt das autogene Training nun aber keinesfalls zu einer gefühlsmäßigen Abstumpfung oder Gleichgültigkeit. Je mehr durch das autogene Training innere Spannungen zum Abklingen gebracht werden, desto leichter kann sich der Übende wieder seiner Umgebung aufschließen, sein Gefühlsleben stumpft also nicht ab, sondern wird eher bereichert.

2. Die Übungen des autogenen Trainings

Die angestrebte Gesamtentspannung von Körper und Psyche erlernt man beim autogenen Training in 6 *einzelnen Übungsstufen,* von denen jede ein bestimmtes Gebiet oder Organsystem des Körpers erfaßt:

1. Muskeln
2. Blutgefäße
3. Herz
4. Atmung
5. Bauchorgane
6. Kopf.

Anfangs ist es notwendig, die (passive) Konzentration (s. 1.3.) auf eine bestimmte Körperregion zu beschränken. Es gelingt praktisch nicht, sich sofort auf den gesamten Organismus zu konzentrieren.

Der Übungsaufbau führt dabei vom Einfachen zum Komplizierten, deshalb sollte auch die angegebene Reihenfolge der Übungsstufen nur auf Anweisung des Sie behandelnden Arztes oder Psychologen umgestellt werden. *Mit der nächsten Übungsstufe beginnen Sie erst, wenn die vorangegangenen an zwei aufeinander folgenden Tagen realisiert werden.* Ist im Einzelfall ein abweichendes Vorgehen erforderlich, wird dies der Übungsleiter festlegen.

Auch einige andere methodische Hinweise sollten, weil sie sich bewährt haben, beachtet werden. *Üben Sie 2- bis 3mal täglich,* am besten an der gleichen Stelle des Tagesablaufes (z. B. morgens nach dem Erwachen; wenn sie von der Arbeit nach Hause kommen; ehe Sie einschlafen) oder zur selben Uhrzeit. Es empfiehlt sich, wenigstens eine der täglichen Übungen im Liegen (weil die Empfindungen der Umschaltung meist deutlicher sind), wenigstens eine im Sitzen (weil dies praktisch häufiger gebraucht wird) durchzuführen. *Die Übungszeit soll dabei in der Regel 2 Minuten nicht überschreiten,* um eine Willensanspannung und Verkrampfung statt der Haltung des „Geschehenlassens" zu vermeiden. Denken Sie in diesem

Zusammenhang noch einmal an das 1. Kapitel zur „passiven Konzentration" (1.3.) Gesagte. Es geht darum, sich ohne Willensanstrengung auf das trainierte Gebiet oder Organsystem einzustellen.

Es kann aber durchaus einige Male hintereinander (jeweils mit einer Rücknahme dazwischen) trainiert werden, das fördert unter Umständen sogar den Übungserfolg.

Schon jetzt sollen Sie auch wissen, daß körperliche Erkrankungen (z. B. Infekte, andere fieberhafte Erkrankungen, Operationen, Knochenbrüche), aber auch Ärger und Aufregungen den Fortgang der Übungen stören und sogar bereits erzielte Erfolge vorübergehend rückgängig machen können. Schwierigkeiten bei der Realisierung gibt es aber auch nach anregenden Medikamenten und nach größeren Mengen von Bohnenkaffee und schwarzem Tee.

Das autogene Training kann also sowohl im Liegen als auch im Sitzen durchgeführt werden. Die dafür erforderlichen *Trainingshaltungen* werden vom Übungsleiter demonstriert und sind auch auf den Abbildungen skizzenhaft dargestellt, deshalb genügen hier einige Hinweise auf das Wesentlichste. Bei allen Trainingshaltungen wird schon von der Ausgangsstellung her versucht, die Muskeln soweit wie möglich in eine der Entspannung förderliche Mittelstellung zu bringen. Im *Liegen* (Abb. 1) üben Sie in bequemer Rückenlage mit sorgfältig unterstütztem Nacken. Der Kopf soll weder zu flach liegen, noch deutlich angehoben sein – eine Liege mit flachem Kopfkeil oder entsprechendem Kissen genügt den Anforderungen meist am besten. Versuchen Sie die Kopfhaltung zu finden, die Ihnen am bequemsten erscheint. Die Arme liegen – im Ellenbogengelenk leicht gebeugt – neben dem Körper, die Handflächen zeigen nach unten, die Finger sind ebenfalls leicht gebeugt. Die Beine werden etwas gespreizt, die Fußspitzen fallen locker nach außen.

Für das Training im Sitzen gibt es mehrere Möglichkeiten. Am besten benutzen Sie einen bequemen Stuhl oder Sessel mit einer Lehne für den Rücken (Abb. 2). Die Unterarme legen Sie auf die Seitenlehnen (wenn solche vorhanden sind) oder so auf die etwas gepreizten Oberschenkel, daß die Hände locker zwischen diesen herunterhän-

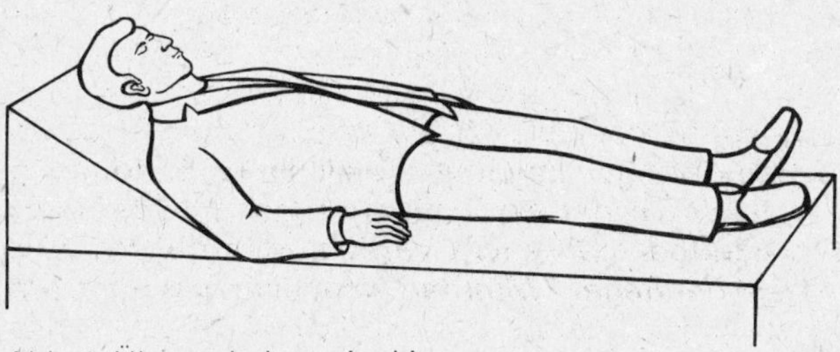

Abb. 1. Übungshaltung im Liegen.

gen. Die Füße werden mit den Sohlen auf den Boden gestellt, Ober- und Unterschenkel bilden etwa einen rechten Winkel. Für den Kopf muß die individuell günstigste Haltung gefunden werden. Er wird entweder angelehnt oder hängt locker etwas nach vorn.

Auf einem Hocker ohne Lehne nimmt man die sog. *„Droschkenkutscherhaltung"* (Abb. 3. u. 4.) ein. (In dieser Haltung sollen Droschkenkutscher die oft langen Wartezeiten auf Fahrgäste ohne wesentliche Muskelermüdung überbrückt haben.) Dabei setzt man sich zunächst aufrecht so hin, daß die Schultern sich über dem Becken befinden, und läßt die Wirbelsäule „in sich zusammenfallen". So entsteht ein „Katzenbuckel", bei dem die Schultern sich aber weiterhin über dem Becken befinden sollen. Wichtig ist, daß der Rumpf sich in dieser Stellung quasi „selbst hält", also nicht nach vorn gebeugt und dadurch mit den gebeugten Armen auf den Oberschenkeln abgestützt wird. Arm-, Bein- und Kopfhaltung entsprechen der schon für das Training im Sitzen beschrieben.

Abb. 2. Übungshaltung im Sitzen, angelehnt.

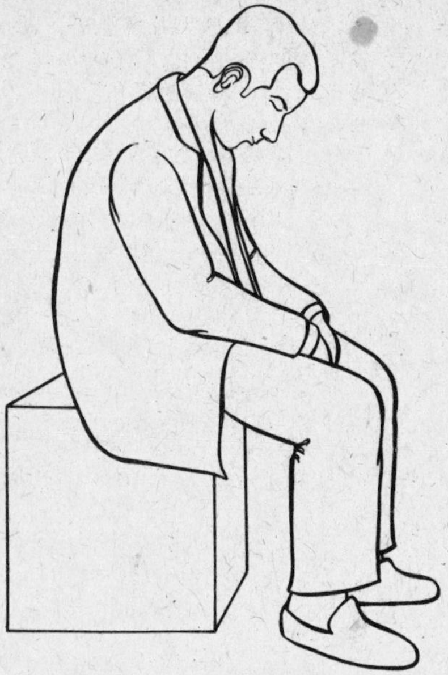

Abb. 3. Droschkenkutscher-
haltung, seitlich.

Abb. 4. Droschkenkutscher-
haltung, von vorn.

2. 1. Ruhetönung

Jedes autogene Training beginnt, nachdem Sie eine der Übungshaltungen eingenommen und *die Augen geschlossen* haben, mit der Vorstellung der Formel

„Ich bin ganz ruhig".

Es handelt sich hierbei nicht *um eine eigene Übungsstufe,* sondern um eine Einstimmung auf das Ziel des autogenen Trainings. Diese, wie auch alle folgenden Formeln, wird sich jeder so vorstellen, wie es ihm am besten entspricht. Einer spricht die Formeln „in Gedanken", ein anderer sieht den Text in Buchstaben vor sich, ein dritter erlebt dabei – quasi als „Begleitmusik" – das Entstehen beruhigender Bilder oder die Erinnerung an beruhigende Erlebnisse. Diese Art der Vergegenwärtigung sollte er dann auch beibehalten, es gibt dafür keine starre Regel.

Nur, wenn Ihnen schon das Ruhigliegen oder -sitzen – ohne Konzentration auf eine Übungsformel – schwerfällt, sollten Sie vor Beginn des eigentlichen Trainings „üben", ruhig zu liegen oder zu sitzen. Entspannen Sie dabei zunächst bewußt alle Muskeln von der Stirn beginnend bis zu den Füßen. Die gerunzelte Stirn stört den Übungsverlauf ebenso, wie die zusammengebissenen Zähne, die verkrampften Finger oder die aneinandergepreßten Beine. Lösen Sie vorher auch alles beengende Ihrer Kleidung. Störende Gedanken – die sich besonders in der Zeit des Beginns mit dem Training häufig einstellen (s. auch 1.3.) – lassen Sie vorbeiziehen, bemühen sich aber weder, diese zu verdrängen, noch, sie festzuhalten.

Mit dem autogenen Training beginnen Sie erst, wenn in Ihnen eine gewisse Ruhe eingetreten ist.

Sie können allerdings nicht erwarten, allein durch die Vorstellung dieser Formel wirklich „ganz ruhig" zu werden. Diese Fähigkeit zu erlernen, ist ein Ziel des gesamten Trainings und damit im Regelfalle erst nach Beherrschung der sechs Übungsstufen zu erreichen.

Die innere Ruhe vor Beginn des Trainings ist selbstverständlich in hohem Maße auch abhängig von der aktuellen Befindlichkeit. Bei Unruhezuständen wird sie sich oft nur in Ansätzen erreichen lassen. Sind Sie im Training schon fortgeschrittener, beherrschen Sie also z. B. bereits die Schwere- und Wärmeübung, sollten Sie sich nicht abhalten lassen, diese Übungsstufen trotzdem zu trainieren. Unter Umständen gelingt auch dann eine Realisierung.

Auch die *„gestuften Kurzübungen"* (s. 3.4.) können in solchen Fällen hilfreich sein.

2.2. Schwereübung

Die erste Übungsstufe vermittelt die *Entspannung der Bewegungsmuskeln,* die – wie jeder aus Erfahrung weiß – weitgehend einer willkürlichen Steuerung unterliegen. Nicht nur bei körperlicher, sondern auch bei geistiger Anstrengung erlebt man oft eine Anspannung bestimmter Muskelgruppen (z. B. Nachdenken mit gerunzelter Stirn). So leuchtet es auch ein, daß umgekehrt Muskelentspannung und psychische Entspannung in einem Zusammenhang stehen.

Diese Entspannung der Muskulatur wird nun als *„Gliederschwere"* empfunden, wie sie viele Menschen aus einem Zustand kurz nach dem Erwachen aus tiefem Schlaf kennen. Dann muß man sich erst „räkeln", um die Gliedmaßen überhaupt geordnet bewegen zu können. Auch diesem Vorgang werden wir beim autogenen Training noch wiederbegegnen.

Wie schon gesagt, beschränkt man die Konzentration vorerst auf ein umgrenztes Gebiet des Körpers. Sie stellen sich in einer der Übungshaltungen *nach der Formel „Ich bin ganz ruhig"* nun in gleicher Weise vor:

„Der rechte (linke) Arm ist ganz schwer".

Rechtshänder beginnen mit dem rechten, Linkshänder mit dem linken Arm, weil der Gebrauchsarm zunächst am besten „gesteuert" werden kann. Dabei kommt es auf eine *„konzentrative Hinwendung"* (im Sinne der schon erwähnten *passiven Konzentration*) zu dem betreffenden Arm an. Keinesfalls soll etwas „gemacht", etwas „erzwungen" werden; die innere Haltung ist die des *„Geschehenlassens"*. Jede betonte Leistungshaltung führt zur Anspannung und steht damit dem Sinn des autogenen Trainings entgegen.

Diese Formel vergegenwärtigt man sich etwa 6mal, wiederholt anschließend die Ruhetönung, dann erneut etwa 6mal die Schwereformel, nochmals die Ruhetönung und abschließend wieder die Schwereformel 6mal.

(In gleicher Weise geht man übrigens bei jeder Übungsstufe, die man neu trainiert, vor – während man sich die vorangegangenen Formeln nur so oft vergegenwärtigt, bis der gewünschte Effekt eingetreten ist.)

Bei diesem Vorgehen dauert das Training jeweils etwa 1½ Minuten; wie schon gesagt, soll eine Übungszeit von 2 Minuten auch dann nicht überschritten werden, wenn noch kein Übungserfolg eintritt.

Das autogene Training endet jedesmal mit dem *„Zurücknehmen"*, das dem weiter vorn erwähnten morgendlichen „Räkeln" entspricht. Dazu werden in der angegebenen Reihenfolge

1. die Arme mehrmals kräftig gebeugt und gestreckt (Formel: *„Arme fest")*,
2. einmal tief ein- und ausgeatmet (Formel: *„Tief atmen")*,
3. die Augen geöffnet (Formel: *„Augen auf")*.

Dieses Zurücknehmen muß von Anfang an, auch wenn noch keinerlei Schwereempfinden auftritt, exakt durchgeführt und damit automatisiert werden. Dadurch führt man sich selbst aus der „autogenen Versenkung" wieder zur notwendigen Aktivität zur Bewältigung der täglichen Aufgaben zurück. Logischerweise *unterbleibt es deshalb in einem Falle:* wenn man nach dem autogenen Training schlafen will. (Bei der Darstellung der *„gestuften Kurzübungen"* – siehe unter 3.4. – werden Sie etwas über eine Ausnahme von dieser Regel finden.) Dann dreht man sich aus der Trainingshaltung lediglich langsam in die gewohnte Schlafhaltung.

Das Schweregefühl stellt sich häufig zuerst in der Ellenbogen-Unterarmgegend ein. Oft wird auch der trainierte Arm zunächst einmal „anders" als der untrainierte empfunden. Ebenso kann ein Gefühl der

Wärme oder der Größenzunahme auftreten. All dies sind Zeichen des beginnenden Übungserfolges.

Sollte jemand gar keine Vorstellung von der angestrebten Schwere haben, so lege er sich in eine mit Wasser gefüllte Badewanne und hebe einen Arm oder ein Bein aus dem Wasser heraus oder lasse das Wasser, während er liegenbleibt, ablaufen. Auf Grund eines physikalischen Gesetzes (Archimedisches Prinzip) hat er dann das Gefühl, sein Arm oder sein Bein bzw. sein Körper werde schwerer. Dieses Schweregefühl ist jedoch wesentlich intensiver, als es bei Beginn des autogenen Trainings empfunden wird.

Im Verlaufe des weiteren Trainings breitet sich das Schweregefühl unter Umständen spontan auf andere Gebiete des Körpers aus (sog. *Generalisierung).*

Bevorzugt ist dabei der Arm der Gegenseite. Wenn dies eingetreten ist, benutzt man die erweiterte Formel:

„Beide Arme sind ganz schwer",

an deren Realisierung sich anschließt:

„Beide Beine sind ganz schwer".

In diesem Zusammenhang sei nochmals daran erinnert, daß die neue Übungsstufe erst begonnen werden soll, wenn die vorangegangenen an zwei aufeinander folgenden Tagen verwirklicht werden. *Die bereits realisierten Formeln werden dabei immer wieder vor der neuen Formel kurz mitgeübt, so daß jedes autogene Training mit der Ruhetönung und der Schwereübung beginnt.*

Werden Arme und Beine schwer, kann weiter zusammengefaßt werden mit der Formel:

„Arme und Beine sind ganz schwer."

Eine besondere Rücknahme der Beinschwere ist nur in seltenen Ausnahmefällen erforderlich, dann werden auch die Beine einige Male kräftig gebeugt und gestreckt. Im Normalfall genügt das Zurücknehmen, wie es oben beschrieben ist.

Auch die noch folgenden weiteren Übungsstufen des autogenen Trainings bedürfen keiner besonderen Zurücknahme.

2.3. Wärmeübung

Jedem Menschen ist bekannt, daß Gemütsbewegungen mit Erröten oder Erblassen verbunden sein können, d. h. bestimmte Vorstellungen Veränderungen der Durchblutung bewirken. Auf prinzipiell dem gleichen Wege lernen Sie beim autogenen Training, eine willentliche Beeinflussung der Blutzufuhr in bestimmte Gebiete des Körpers herbeizuführen. Wie die Arbeit des gesamten Organismus wird auch die Blutverteilung durch das Nervensystem gesteuert. Dieses sprechen Sie mit ihren Vorstellungen an. Die Blutgefäße regulieren die Blutmenge durch Verengung oder Erweiterung. Letztere führt zu verstärkter Blutzufuhr, die sich in dem betroffenen Gebiet als Wärmeempfindung bemerkbar macht. So lautet auch die Formel zur *Entspannung der Blutgefäße* analog zur Schwereformel:

„Der rechte (linke) Arm ist ganz warm."

Diese Formel wird auch dann trainiert, wenn bei der Schwereübung bereits Wärmeempfindungen aufgetreten sind.

Der Übungsverlauf entspricht dem der Schwereübung. Zunächst stellt sich – hier meist in der Unterarm-Handgegend – oft ein „Kribbeln" („Ameisenlaufen", wie bei „eingeschlafenen" Füßen) ein, dem die eigentliche Wärmeempfindung mit Abstand folgt. Später kann es zu der bereits beschriebenen *Generalisierung* kommen. Die weiterführenden Formeln lauten dann (wie bei der Schwereübung):

„Beide Arme sind ganz warm",
„Beide Beine sind ganz warm",

und nach vollständiger Realisierung der Wärmeübung:

„Arme und Beine sind ganz warm."

Besonders bei Menschen mit einer Neigung zu kalten Händen und Füßen, aber auch sonst bei fehlender Realisierung, empfiehlt sich unter Umständen vor Beginn des Trainings als Anregung der angestrebten Umschaltung ein warmes Arm- bzw. Fußbad oder ein kräftiges Frottieren der Gliedmaßen. Diese äußeren Hilfen fallen weg, sobald sich der Übungserfolg beim Training selbst einstellt.

Wie schon gesagt, ist ein gesondertes Zurücknehmen der Wärmeempfindung nicht nötig, da die elastischen Blutgefäße von selbst in eine Mittelstellung zurückkehren. Dies kann allerdings einige Zeit dauern und das – im allgemeinen ja angenehme – Wärmeempfinden deshalb bis zu etwa einer halben Stunde nach dem Training anhalten.

Es wurde bereits mehrfach auf die Notwendigkeit hingewiesen, das autogene Training unter Anleitung und Kontrolle eines mit dieser Behandlungsmethode vertrauten Arztes oder Psychologen zu erlernen. Dies gilt *besonders auch für die Wärmeübung,* da hier bei bestimmten Patienten eine Reihe von Störungen auftreten kann. Nur der Arzt ist dann in der Lage, nach seinen Untersuchungsergebnissen zu entscheiden, ob Bedenken gegen eine Weiterführung des Trainings bestehen oder ob der Übungsverlauf individuell modifiziert werden muß.

2.4. Herzübung

Die nächsten zwei Übungsstufen *unterscheiden sich grundsätzlich von der Schwere- und Wärmeübung*. Während es bei diesen beiden Übungsstufen darauf ankam, Veränderungen des bestehenden Zustandes (also eine Entspannung der Muskulatur bzw. eine Erweiterung der Blutgefäße) zu erreichen, geht es jetzt zunächst einmal um eine *einfache Beobachtung von Körperfunktionen* und nicht um deren Beeinflussung.

Um den Herzschlag beobachten zu können, muß man ihn spüren – und das gelingt vielen Menschen spontan nicht. Diese müssen ihr Herz erst einmal „entdecken". Dazu sollte man nach der Realisierung der Schwere- und Wärmeübung seine Aufmerksamkeit auf die Herzgegend lenken und dazu formulieren:

„Herz schlägt ganz ruhig und gleichmäßig".

Das Gleiche gilt natürlich auch, wenn man den Herzschlag sowieso wahrnimmt. In vielen Fällen wird man dabei feststellen, daß der durch die Formel ausgedrückte Zustand bereits besteht. Trotzdem soll auch diese Übungsstufe in der bei der Schwereübung beschriebenen Weise trainiert werden, um eine gedankliche Verbindung zwischen dem beobachteten Herzrhythmus und Formel herzustellen.

Spürt man den Herzschlag nicht in der Herzgegend, dann möglicherweise an anderer Stelle (z. B. an der Halsschlagader, der Fingerkuppe oder in der Magengegend). Auch hier tritt die angestrebte Verbindung zwischen Herzrhythmus und Formel ein.

Eine weitere Möglichkeit ist es, die rechte Hand auf die Herzgegend zu legen und so – bei Aufmerksamkeitszuwendung zum Herzen – den eigenen Herzschlag erst einmal (vor Beginn des autogenen Trainings) zu „erfahren". An diese Erfahrung kann man dann beim Training dieser Übungsstufe anknüpfen.

Keinesfalls soll man aber versuchen, das angenehm ruhig erlebte Herz mit Hilfe der Formel *schneller oder langsamer schlagen zu lassen* – das ist gar nicht so schwer, aber ausdrücklich nicht Ziel dieser Übungsstufe. Eine leichte Beschleunigung des Herzschlages, die bei der Zuwendung der Aufmerksamkeit zum Herzen eintreten kann, ist unbedenklich und verschwindet bald wieder von selbst.

Etwas anderes ist es bei *Herzrhythmusstörungen* (zu schneller oder unregelmäßiger Herzschlag). Hier wird mit Hilfe des autogenen Trainings eine Normalisierung der Herzfrequenz angestrebt. Die Herzübung erreicht dabei ihr Ziel (die „Herzberuhigung") oft erst später im Rahmen der Gesamtübung, wie ja auch die allgemeine Beruhigung (im Sinne des „Ich bin ganz ruhig") meist erst nach Beherrschen des gesamten Trainings eintritt. Aber auch in solchen Fällen wird Ihnen der Übungsleiter die zutreffenden Hinweise geben.

2.5. Atemübung

Vielleicht haben sie schon einmal „Atemübungen" anderer Art (z. B. bei einer Atemgymnastik) erlernt. Bitte versuchen Sie nicht, diese Erfahrungen mit einzubringen, wenn Sie mit der neuen Übungsstufe beginnen.

Im Gegensatz zur Atemgymnastik soll beim autogenen Training mit der Atmung nichts „gemacht" werden. Ähnlich wie bei der Herzübung kommt es darauf an, sich nach Beherrschung der vorangegangenen Übungsstufen mit der Formel:

„Atmung ganz ruhig"

dem *eigenen Atemrhythmus zu überlassen.* Dies kann ergänzt werden durch die Vorstellung:

„Es atmet mich".

Wichtiger als der Wortlaut ist der rhythmische Gleichklang von Formel und Atemrhythmus, wobei sich allerdings die Formel dem eigenen Atemrhythmus anpassen soll. Dies gelingt oft leichter, wenn man die Formel erst einführt, *nachdem man zwei bis drei Atemzüge* im Zustand der autogenen Entspannung beobachtet hat. Die Haltung des schon mehrfach erwähnten *„Geschehenlassens"* wird dabei besonders deutlich. Die sonst oft überwiegende Brustatmung verändert sich meist zur Bauchatmung mit einer Vertiefung der Ausatmung. Dabei verstärkt sich häufig das Schwere- und Wärmegefühl. Es entsteht die beruhigende Empfindung, die Atmung trage den ganzen Körper. Alle diese Veränderungen bzw. Empfindungen treten nicht in jedem Falle auf. Sie sollten sich ihnen – wenn Sie sie bemerken – überlassen, sie aber nicht erwarten oder anstreben.

Gelegentlich einmal kann es beim getrennten Trainieren der Herz- und Atemübung zu einer *Störung der Koordination von Herz- und Atemrhythmus* kommen. Dies ist dann meist bedingt durch eine nachlassende Konzentration auf das eine bei Hinwendung zum anderen. In solchen Fällen kann man die Störung durch die zusammenfassende Formel:

„Herz und Atmung ruhig und gleichmäßig"

meist leicht beseitigen.

2.6. Bauchübung

Lokal verabreichte Wärme führt zu einer *Entspannung der Bauchorgane,* das haben viele Menschen schon buchstäblich am eigenen

Leibe erfahren. So erreicht man auch beim autogenen Training mit der anschließenden Formel:

„Bauch ist strömend warm"

eine Entspannung in diesem Bereich. Wenn Ihnen das Wort *„Leib"* geläufiger ist, können Sie es in der Formel statt des Wortes *„Bauch"* verwenden.

Ersatzweise ist auch die Formel:

„Sonnengeflecht ist strömend warm"

möglich. Bei dem sog. *Sonnengeflecht* handelt es sich um ein Geflecht vegetativer Nerven im Oberbauch, das die Bauchorgane nervlich steuert und sich dazu „strahlenförmig" über den ganzen Bauchraum ausbreitet. Für die Realisierung der Bauchübung kann es eine Hilfe bedeuten, sich zunächst die Konzentration der Wärme an diesem „Sammelpunkt" vorzustellen und diese sich dann in den ganzen Bauchraum ausbreiten zu lassen.

Tritt die Wärme im Bauchraum nach einiger Übungszeit nicht allein durch die Vergegenwärtigung der Formel auf, kann man die Realisierung unterstützen, indem man *vor Beginn des Trainings* die rechte (linke) Hand auf den Oberbauch legt (der Ellenbogen muß dabei durch ein Kissen in Leibhöhe gestützt werden, damit es nicht zu Muskelverspannungen im Schultergürtel kommt) und sich nach der Atemübung vorstellt, die Wärme dieser Hand gehe nun auf den Bauch über. Unter Umständen wird die Wirkung noch durch die zweite Hilfsvorstellung verstärkt, die Atmung ströme nach unten in den Bauch. Auch der Gedanke an ein aufliegendes Heizkissen oder eine Wärmflasche kann den Übungserfolg fördern. Diese Hilfen entfallen wie alle anderen, wenn sich die Wärmeempfindung im Bauchraum einstellt.

Manchmal zeigt sich der angestrebte Trainingseffekt nicht als *Wärmegefühl,* sondern in Form *anderer Empfindungen.* So kann statt der Wärme ein Gefühl der Weite, der Bewegung, der Leichtigkeit, gelegentlich aber auch der Schwere – bezogen auf den Bauchraum – auftreten. Auch Darmgeräusche werden u. U. als Folge der Entspannung hörbar, dann sollten Sie diese auch nicht unterdrücken.

Alles das können Hinweise auf das Eintreten des gewünschten Übungserfolges sein. In Zweifelsfällen fragen Sie am besten Ihren Übungsleiter.

2.7. Kopfübung

Wenn Sie die bisherigen fünf Übungsstufen beherrschen, sind der ganze Körper schwer und warm, der Herzschlag und der Atemrhythmus ruhig und gleichmäßig. Einen ähnlichen Zustand kennen Sie von der Wirkung eines warmen Bades. Dort fühlt man sich jedoch oft erst richtig wohl, wenn man sich eine kühle Kompresse auf die Stirn legt. Die Bedeutung dieser kühlen Kompresse hat die letzte Formel:

„Stirn ist angenehm kühl",

wodurch der *kühle Kopf gegen den schweren und warmen Körper abgesetzt* wird.

Bei dieser Formel ist *besondere Vorsicht* geboten. Alle Patienten mit *Neigung zu Kopfschmerzen, insbesondere migräneartigen,* sollten diese Übung nie ohne Anweisung des Übungsleiters in ihr Trainingsprogramm aufnehmen. Aber auch alle anderen stellen sich diese Formel (im Gegensatz zu den übrigen) zunächst *nur 2mal* (statt 6mal) vor und wiederholen sie nur dann darüber hinaus, wenn nach einiger Übungszeit weder ein Erfolg noch irgendwelche Störungen eintreten. Befragen Sie aber hier in jedem Falle Ihren Übungsleiter!

Die Wirkung soll nur so sein, als streiche ein zarter Lufthauch über die Stirn hinweg. Keinesfalls darf man versuchen, mit Formulierungen wie „Die Stirn ist ganz kalt" oder sogar „eiskalt" die Realisierung zu beschleunigen!

Bei Kopfschmerzneigung ist statt dessen die Formel:

„Kopf bleibt leicht und klar"

zu empfehlen.

Diese *sechste Übung* unterbleibt aber (wie das Zurücknehmen) im Regelfalle vor dem Einschlafen. Es ist also zu unterscheiden zwischen dem autogenen Training am Tage im Sinne einer prophylaktischen Ruhepause (s. 3.2.) (mit allen sechs Übungsstufen und Zurücknahme) und am Abend zur Überleitung in den Schlaf (mit den ersten fünf Übungsstufen und ohne Zurücknahme).

2.8. Zusammenfassung

Zur Erinnerung seien noch einmal die Formeln für alle Übungsstufen zusammengestellt:

	Ich bin ganz ruhig
1. Übungsstufe:	**Der rechte (linke) Arm ist ganz schwer.** Nach der Generalisierung in beide Arme: **Beide Arme sind ganz schwer.** Daran anschließend: **Beide Beine sind ganz schwer.** Und dann endgültig: **Arme und Beine sind ganz schwer.**

2. Übungsstufe: **Der rechte (linke) Arm ist ganz warm.**
Nach der Generalisierung in beide Arme:
Beide Arme sind ganz warm.
Daran anschließend:
Beide Beine sind ganz warm.
Und dann endgültig:
Arme und Beine sind ganz warm.

3. Übungsstufe: **Herz schlägt ganz ruhig und gleichmäßig.**

4. Übungsstufe: **Atmung ganz ruhig – es atmet mich.**

5. Übungsstufe: **Bauch** (oder: **Leib) ist strömend warm (Sonnengeflecht ist strömend warm).**

6. Übungsstufe: **Stirn ist angenehm kühl. (Kopf bleibt leicht und klar).**

Zurücknehmen: **Arme fest!**
Tief atmen!
Augen auf!

Nach der Realisierung aller Teilübungen kommt es darauf an, durch *weiteres regelmäßiges Trainieren* den Umschaltungsvorgang immer mehr zu automatisieren und die Zeit bis zum Eintritt der Gesamtentspannung zu verkürzen. (Sollten sie Autofahrer sein, denken sie daran: Als Sie seinerzeit die Fahrschule mit der Fahrerlaubnis verließen, wußten Sie zwar wie man ein Auto bedient – ein routinierter Fahrer wurden Sie aber erst nach langer Fahrpraxis!) Nach etwa einem halben Jahr genügt oft schon die Vorstellung der Worte: **„Ruhe, Schwere, Wärme, Herz und Atmung ruhig, Bauch warm, Stirn kühl (bzw. Kopf klar)"**, um den vollen Trainingserfolg zu erreichen. Dabei verwischen sich auch zunehmend die Abgrenzungen zwischen den einzelnen Übungen. Die Zielvorstellung der Ruhe und Gelassenheit tritt immer mehr in den Vordergrund und wird zum bestimmenden Inhalt des Trainings.

Wird das autogene Training vollständig beherrscht, kann – wenn keine Möglichkeit zur Gesamtentspannung besteht – auch einmal eine Teilentspannung mit Einstellung auf das Schulter-Nacken-Feld hilfreich sein. Im Sitzen oder Stehen wird dabei mit der Formel:

„Schultern schwer – ich bin ganz ruhig"

die Vorstellung von einer mit der Ausatmung vom Nacken her abwärts in beide Schultern ziehende Schwere und Wärme (also einem fließenden Abgleiten des Schultergürtels) verbunden.

Dies gibt gut Trainierten auch die Möglichkeit, mit offenen Augen und deshalb völlig unbemerkt z. B. während einer Sitzung oder sogar einmal im Gehen mit Hilfe des autogenen Trainings zu entspannen.

Lassen Sie sich zum Abschluß dieses Kapitels noch einmal daran erinnern, daß man *Erlerntes verlernen* kann, wenn man es nicht regelmäßig anwendet. Diese Erkenntnis gilt auch für das autogene Training. Verständlicherweise besteht die Neigung, das *regelmäßige Training aufzugeben,* wenn man sich (oft gerade durch die bisher regelmäßige Anwendung des autogenen Trainings!) wohl fühlt. Im Laufe eines Lebens können aber immer wieder einmal besondere Belastungssituationen („Stress-Situationen") auftreten, in denen man sich wünscht, zu entspannen, „prophylaktische Ruhepausen" einzulegen. Aber gerade dann ist die Fähigkeit zur Entspannung meist (auch, wenn keine besonderen Beschwerden bestehen) beeinträchtigt – man kann „nicht mehr abschalten". Hier leistet (wie Sie es in Kapitel 3 noch eingehender dargestellt finden) das autogene Training gute Dienste – wenn man es beherrscht!

„Gesunde" haben die besten Anfangserfolge beim autogenen Training, „Nervöse" oft schlechtere. Es kommt also darauf an, in solchen Zeiten die Fähigkeit, mit Hilfe des autogenen Trainings zu entspannen, nicht wieder verlernt zu haben und deshalb von neuem beginnen zu müssen. Deshalb sollten Sie auch in Zeiten des Wohlbefindens das autogene Training *wenigstens einmal täglich durchführen,* um sich Ihren Übungsstand zu erhalten – ganz abgesehen davon, daß die regelmäßige Anwendung des autogenen Trainings die beste Stressprophylaxe ist (aber das wissen Sie ja bereits aus Kapitel 1).

Sollten Sie das autogene Training aber doch *aufgegeben haben,* werden Sie – wenn Sie es erneut versuchen – evtl. feststellen, daß es Ihnen nicht mehr gelingt. *Beginnen Sie dann noch einmal ganz von vorn,* also mit der Ruhetönung und der Schwereübung, und erlernen anschließend das gesamte Training wie beim ersten Mal. Lesen Sie vorher noch einmal unsere Fibel, besonders das 2. Kapitel mit der Darstellung der Übungsstufen, gründlich durch. Vieles, was Sie schon einmal gewußt haben, wird Ihnen dabei wieder einfallen – manches vielleicht auch neu vorkommen. Da Sie aber in jedem Falle das autogene Training schon einmal beherrscht haben, werden Sie erfahrungsgemäß alle Übungsstufen jetzt schneller wieder realisieren, als beim ersten Mal – es sei denn, daß starke körperliche oder psychische Beschwerden Sie daran behindern. In einem solchen Falle (aber auch sonst, wenn Schwierigkeiten mit dem Wiedererlernen des autogenen Trainings auftreten) sollten Sie unbedingt erneut einen Arzt oder Psychologen aufsuchen, der Sie bzgl. des Trainings beraten oder, wenn nötig, eine andere Behandlung einleiten kann.

3. Anwendung und Verlauf des autogenen Trainings

Den bisher erlernten Abschnitt des autogenen Trainings, von der Ruhetönung und der Schwereübung bis zur Kopfübung, bezeichnen wir (nach der Gliederung von J. H. Schultz) als *Unterstufe* des autogenen Trainings. Das vorige Kapitel endete mit dem Bilde des Autofahrers, der zwar nach der Fahrschule seine Fahrerlaubnis erhalten hatte, damit aber noch kein routinierter Fahrer war. Hierzu brauchte es noch eine längere Fahrpraxis. Mit diesem Vergleich wurde Ihnen in Aussicht gestellt, daß nach etwa einem halben Jahr „Fahrpraxis" im autogenen Training die intensive Vergegenwärtigung der Wortreihe: „Ruhe, Schwere, Wärme, Herz und Atmung ruhig, Bauch warm, Stirn kühl (bzw. Kopf klar)" genügt, um eine ausreichende Entspannung zu erreichen. Wenn Sie diese Fähigkeit erlernt haben, eröffnen sich Möglichkeiten, das autogene Training umfassend zu nutzen.

Sie werden fortlaufend, wenigstens einmal täglich, in den vorgegebenen Körperhaltungen (wie im Anfang von Kapitel 2 dargestellt) Ihre Übung durchführen. Daneben entwickeln Sie zunehmend die Fähigkeit, sich den Übungstext auch in anderen Körperhaltungen erfolgreich vorzustellen. Das kann in einer normalen Sitzhaltung geschehen, aber auch im Stehen oder sogar im Gehen. Weil Sie sich dabei oftmals unter anderen Menschen befinden, können Sie diese Übungen auch mit geöffneten Augen durchführen und die Zurücknahme in einer unauffälligen Form, beispielsweise durch eine Muskelanspannung in den Armen ohne Bewegung, vornehmen. Für den Gesunden ergeben sich vier Bereiche der Anwendung: die *Selbstruhigstellung,* die *prophylaktischen Ruhepausen,* die *„Gymnastik des vegetativen Nervensystems"* und die *gestuften Kurzübungen.*

Wir werden weiter auf einige spezielle Übungsbereiche eingehen, die der Behandlung bestimmter Störungen oder Krankheitserscheinungen dienen: Die *formelhaften Vorsatzbildungen, die speziellen Organübungen* und die *Oberstufe* des autogenen Trainings lassen sich im Anschluß an die Unterstufenübungen durchführen.

3.1. Selbstruhigstellung

Sie hat ihre Wirkung durch einen Vorgang, den wir nach J. H. Schultz als *Resonanzdämpfung der Affekte* bezeichnen. Unter Affekten verstehen wir mehr oder weniger kurz dauernde, heftige Gemütserregungen bei unter Umständen herabgesetzter willentlicher Steuerung des Verhaltens. Einer solchen Gemütsbewegung gehen entsprechende Veränderungen der Tätigkeit der inneren Organe und auch des Bewegungsapparates (also des Muskel-Skelett-Systems) parallel. Diese körperlichen Veränderungen sind prinzipiell von den Gemütsveränderungen nicht zu trennen. Nur in unserem Vergleich „Resonanzdämpfung der Affekte" tun wir so, als wären die Gemütsbewegungen Ursache für die „Resonanz" der Körperfunktionen. Heute verstehen wir diese Zusammenhänge als eine einheitliche Reaktion des ganzen Organismus. Wir wissen aber auch, daß die körperlichen und die seelischen Anteile dieser Reaktion wie ein Regelkreis einander verstärken bzw. abschwächen können. Im Sinne dieser Abschwächung wirkt nach unserem heutigen Verständnis das autogene Training.

Wir sind im allgemeinen gewohnt, eine übermäßige Gefühlsregung durch ein „Zusammennehmen" zu unterdrücken. Es handelt sich hierbei gewissermaßen um ein gewaltsames Niederkämpfen der Erregung, das eine erhebliche Anspannung bedeuten kann. Bei der Resonanzdämpfung der Affekte mit Hilfe des autogenen Trainings versucht der Erlebende nicht, durch eine gewaltsame aktive Willensanspannung die Erregung des sich steigernden Affektes einzuengen und schließlich zu unterdrücken, sondern er löst das Spannungssystem des Affektes in sich selbst auf. Als Beispiel kann die Angst vorgestellt werden. Sie ist ja nicht nur eine Stimmung, sondern wie jeder Affekt von körperlichen Veränderungen (im Sinne einer erheblichen Aktivierung von Muskel- und Organfunktionen) begleitet. Wenn diese körperlichen Veränderungen durch das autogene Training gedämpft werden, klingt die Intensität der Angststimmung ab. „Aus dem überwältigenden Organismus-Sturme des Angstgefühls wird ein blasser Angstgedanke, mit dem man fertig werden kann." So schilderte J. H. Schultz diesen Ablauf in seiner anschaulichen Sprache.

Was über die Resonanzdämpfung der Affekte gesagt wurde, gilt natürlich auch für Gemütsbewegungen geringerer Intensität. **Selbstruhigstellung ist daher ein besonders häufiger Anwendungsbereich des autogenen Trainings.** Daß hiermit nicht ein gefühlsmäßiges Abstumpfen erreicht wird oder eine allgemeine Gleichgültigkeit, wurde schon am Ende des ersten Kapitels dargestellt. Das Ergebnis ist eher eine Freigabe der Empfindungsfähigkeit für alles, was den Menschen umgibt. Sei dies ein Erlebnis der Kunst, der Natur oder ein Mitempfinden für einen Mitmenschen. Mit der Fähigkeit zur Selbstruhigstellung kann also das Leben des Übenden nur bereichert werden.

Diese Selbstruhigstellung kann auch zuweilen ganz kurz und in beliebiger Körperhaltung durch die gedankliche Vorstellung „Ruhe“ und ein Sinkenlassen der Schultern erreicht werden, wie es im letzten Absatz von Kapitel 2 dargestellt wird.

3.2. Prophylaktische Ruhepausen

Diese vorbeugenden Ruhepausen gehen auf eine Erfahrung aus der frühen Hypnoseforschung zurück. Wir haben schon im ersten Kapitel von einem ihrer bedeutendsten Vertreter berichtet, von Oskar Vogt, der bei einem Teil seiner Patienten die Fähigkeit zur Selbsthypnose beobachtet hatte. Er empfahl gelegentlich solchen Patienten, für bestimmte Aufgaben eine Selbsthypnose als prophylaktische Ruhepause einzuschalten. So sollten sie, besonders in kritischen Situationen, verhindern lernen, daß eine vorhergehende Erregung ein schädliches Maß erreichte. Für diese Aufgabe bietet sich Ihnen mit dem autogenen Training die geeignete Methode.

Besonders in kritischen Zeiten, wenn Ihnen die Arbeit über den Kopf wachsen will oder persönliche Probleme Sie belasten, mag Ihnen ein einsichtiger Mitmensch raten, einmal auszuspannen oder es leichter zu nehmen. Das kann auch in Zeiten intensiver Leistungen geschehen, wie etwa vor Prüfungen, wo auch noch ein bestimmtes Maß an Erwartungsspannung und -angst mitspielt. Sicherlich sind Sie immer wieder unzufrieden, daß Ihnen dieser Abstand, trotz aller Einsicht, nicht gelingt. **Das autogene Training bietet hier die Möglichkeit, mit eingelegten Ruhepausen ein zu hohes Ansteigen von Spannung und Unruhe zu vermeiden.** Damit ergibt sich auch eine gewisse Erholungswirkung, die wiederum eine gesteigerte (aktive) Konzentration und damit eine verbesserte Leistung ermöglicht. Diese Wirkung der Leistungssteigerung läßt sich noch speziell in verschiedenen Bereichen des täglichen Lebens nutzen. Als Beispiel sei auf die zunehmende Anwendung des autogenen Trainings im Leistungssport und in der Raumfahrtmedizin verwiesen.

Immer ist mit dem Begriff der Leistungssteigerung auch der des Entspannungsvermögens eng verbunden. Einen solchen Entspannungsvorgang auch in Zeiten besonderer Unruhe oder Belastung können wir uns leichter vergegenwärtigen, wenn wir noch einmal in das erste Kapitel zurückblättern. Dort wurde unter 1.4. über die *drei Aspekte des Begriffes Training* gesprochen. Unter dem zweiten Aspekt war von der zunehmenden Verlagerung von der autosuggestiven (Vorstellungs-) auf die reflektorische (automatisierte) Wirkung die Rede. Voraussetzung hierfür ist verständlicherweise ein guter Trainingszustand, also eine durch regelmäßiges Weiterüben erhaltene Fähigkeit der autogenen Umschaltung.

Für die praktische Durchführung der prophylaktischen Ruhepausen müssen wir noch einmal auf den Zeitfaktor eingehen. Die Übung der Unterstufe des autogenen Trainings soll einen Zeitraum von maximal 2 Minuten nicht überschreiten. Mit dem Ende der Unterstufe, also mit der Kopfübung, erreichen Sie den Zustand der autogenen Versenkung, den *„autogenen Zustand"*.

Dieser ist immer so ausgeprägt, wie die nervlichen Voraussetzungen es gerade zulassen. Befanden Sie sich bei Beginn der Übung in einem Zustand der Spannung oder der Unruhe, wird auch die autogene Entspannung weniger tief sein, als wenn Sie sich schon vor der Übung in einem eher ruhigen und entspannten Zustand befunden haben.

Diesen autogenen Zustand lernen Sie zeitlich auszudehnen, **ohne daß Sie sich die Formulierung der Unterstufe weiter vergegenwärtigen.** Sie verbleiben in diesem autogenen Zustand einige Minuten, so lange Sie dies als angenehm empfinden. Dabei stellen Sie sich auf die Körperempfindungen der Entspannung oder auf eine Ihnen angenehme mit Ruhe verbundene Vorstellung ein. Zur Beendigung der prophylaktischen Ruhepause folgt dann die Zurücknahme, wie Sie sie sonst nach dem Ende der Unterstufenübung gewohnt sind.

3.3. „Gymnastik des vegetativen Nervensystems"

Es handelt sich hierbei um einen Vergleich, mit welchem wir die *Langzeitwirkung* des autogenen Trainings kennzeichnen. Das Prinzip wurde schon im ersten Kapitel unter 1.4. mit dem dritten Aspekt der Trainingswirkung berührt. Die Gewöhnung an eine große Zahl von Außenreizen, die Erziehung zur Gewissenhaftigkeit und zum Verantwortungsbewußtsein und die Häufung beruflicher und anderer Aufgaben können in vielen Fällen eine Erschwerung des „Abschaltens" von Spannungen mit sich bringen. Im ersten Kapitel wurde dargestellt, daß Spannungen eine für die Bewältigung von Leistungen (im weitesten Sinne) notwendige Fähigkeit des Organismus darstellt. Ihr zugeordnet ist, biologisch gesehen, die Fähigkeit zur Entspannung, also zur Herbeiführung eines Zustandes, in welchem Erholung und Wiederherstellung einer Spannungsbereitschaft vor sich gehen. Bei vielen Menschen, nicht nur bei solchen, die wir als nervös empfinden, fehlt eine solche ungestörte Entspannungsbereitschaft, wenn die Leistung abgeschlossen ist und Erholung, Feierabend und Freizeit sachgemäß genutzt werden sollen. In solchen Fällen werden nicht selten dämpfende Medikamente verordnet, um das verlernte „Abschalten" zu ersetzen. Zuweilen wirken solche Medikamente auch noch über die eigentliche Entspannungszeit hinaus, so daß für die nachfolgende Leistungsphase anregende Medikamente notwendig werden, um in die erforderliche Leistungsspannung zu kommen. Diesen Zustand empfindet auch der Betroffene als unnatürlich oder mit einer Formulierung von J. H. Schultz als *„abionom"* (biologisch unzweckmäßig).

Der Einsichtige wäre froh, aus dieser Situation unzweckmäßiger und zeitlich überdauernder Spannung einerseits und mangelhafter Leistungsanspannung (Spannkraft) bei gegebener Leistungssituation andererseits herauszukommen. Hier bietet sich das autogene Training als eine Art *„Gymnastik des vegetativen Nervensystems"* an.

Das vegetative Nervensystem ist der Teil unseres Nervensystems, der ständig die Tätigkeit unserer Körperfunktionen miteinander und mit der Tätigkeit unseres äußeren, „animalischen" Nervensystems, d. h. mit den Bereichen Sinneswahrnehmungen und Körperbewegungen abstimmt. Es steuert also besonders die Tätigkeit unserer Eingeweide und unseres Kreislaufes. Bei Anforderungen aus der Umwelt verändert es das Zusammenspiel der inneren Organe auf Leistung, in diesem Falle sprechen wir von einer Leistungs- oder Sympathikus-Schaltung. Nach Abschluß einer derartigen Leistung oder bei Fehlen einer derartigen Anforderung schaltet das vegetative Nervensystem normalerweise auf Entspannung, wir bezeichnen dies als Parasympathikus-Schaltung. Störungen dieses normalen Wechsels zwischen Anspannung und Entspannung haben wir im vorigen Absatz skizziert. Zur Veranschaulichung sei noch einmal auf den Abschnitt 1.1. verwiesen, der in einem ähnlichen Zusammenhang vom Stress und von der Wirkung des autogenen Trainings als Gegenteil der Stressreaktion handelte.

Der Begriff „Gymnastik des vegetativen Nervensystems" zieht einen Vergleich zwischen der Wirkung des autogenen Trainings und der Wirkung einer regelmäßigen Gymnastik. Mit einer Gymnastik werden bestimmte *körperliche* Bewegungsvorgänge erleichtert, die körperliche Gelenkigkeit wird verbessert. Das ebenso regelmäßige über einen längeren Zeitraum durchgeführte autogene Training bewirkt eine verbesserte automatische Umschaltung von vegetativen, also Eingeweide- und Kreislauffunktionen. Sowohl in Richtung auf Entspannung als auch in Richtung auf Anspannung wird die Schaltung vegetativer Funktionen leichter, flüssiger und zeitgerechter, weil durch das Üben des autogenen Trainings immer wieder *Entspannung* und durch das Zurücknehmen (wie es in Kapitel 2 ausführlich dargestellt wurde) *Anspannung* geübt werden. Wenn vorher beim Nachlassen von Außenreizen das Überdauern der Spannung als unangenehm erlebt wurde und zu einer unruhigen Suche nach neuen Eindrücken und Reizen führte, **tritt nun, nach ausreichender Erfahrung im autogenen Training, beim Aufhören bedeutsamer Außenreize immer häufiger ein spontanes Umschalten in die Entspannung ein.**

Wir erfahren von Patienten, die das autogene Training wegen unterschiedlicher Krankheitserscheinungen erlernt haben, oft nach einigen Monaten, daß man an ihnen Verhaltensänderungen festgestellt habe. Sie seien „dickfelliger“ geworden oder ruhiger, oder sie regten sich nicht mehr so leicht auf oder ähnliches. Andere Patienten berichten solche Veränderungen aus eigener Beobachtung. Hier haben wir es mit dieser eben dargestellten Langzeitwirkung des autogenen Trainings zu tun, die wir mit dem Vergleich „Gymnastik des vegetativen Nervensystems“ umschrieben haben.

3.4. Gestufte Kurzübungen

Die Erfahrung zeigt, daß die Entspannung bei einer Unterstufenübung dann nicht recht wahrnehmbar ist, wenn eine gewisse innere Unruhe oder Spannung vorliegt. Nicht selten folgert der Übende, das autogene Training gelinge nicht mehr, er mache etwas falsch. Zweifel, Resignation und schließlich Aufgeben des autogenen Trainings können die Folge sein.

Hier ist es wichtig zu wissen, daß die Entspannung nach dem unter 1.4. beschriebenen „zweiten Trainingsvorgang“ mit großer Sicherheit reflektorisch eintritt. Je größer aber Unruhe, Schmerzen u. ä. sind, d. h. also, je stärker die Leistungsschaltung im vegetativen Nervensystem ist, um so weniger läßt sich die tatsächlich erreichte Entspannung wahrnehmen.

In solchen Situationen ist die passive Konzentration nur für eine sehr kurze Zeit einzuhalten. Verwenden Sie einen Kunstgriff: **Je höher die innere Spannung, um so kürzer halten Sie die autogene Übung.**

Es wurde mehrfach darauf hingewiesen, daß die Übungszeit für die Unterstufe des autogenen Trainings 2 Minuten nicht überschreiten solle. Bei der Kurzübung formulieren Sie erheblich kürzer, u. U. nur 15–10 Sekunden. (Hierfür eignen sich besonders die unter 2.8. angeführten Kurzformen.) Dann folgt die Zurückmahme und eine Pause von einigen Minuten, in der Sie sich nach ihren augenblicklichen Bedürfnissen (u. U. auch lebhaft) bewegen. Danach folgt die zweite Kurzübung, die Zurücknahme und erneut eine Pause von einigen Minuten mit Bewegung usw.

Nach einigen Kurzübungen mit eingeschalteten Bewegungspausen stellen Sie in der Regel fest, daß Ihr Bewegungsbedürfnis, also Ihre Unruhe, nachläßt. Damit nimmt gleichzeitig Ihre Fähigkeit zu passiver Konzentration zu. In einer der nächsten Pausen ist dann das Bewegungsbedürfnis so weit abgeklungen, daß Sie in der Sitzhaltung verbleiben können. Sie führen dann eine autogene Übung in der für Sie sonst gewohnten Weise uns Ausführlichkeit durch. In dieser oder (nach erneuter Zurücknahme) in der nächsten Übung nehmen

Sie die erreichte Entspannung wieder wahr. **Gestufte Kurzübungen sollten dann eingesetzt werden, wenn in innerer Unruhe oder Spannung** (auch bei stärkeren Beschwerden oder Schmerzen) **Entspannungswahrnehmung und Beschwerdefreiheit angestrebt wird.**

Gestufte Kurzübungen lassen sich gut bei Schlafstörungen einsetzen. Diese sind ein häufiger Anlaß, das autogene Training zu erlernen. Sowohl bei Einschlaf- als auch bei Durchschlafstörungen sollen Medikamente nicht auf längere Zeit gegeben werden. Unter diesem Gesichtspunkt ist das autogene Training bei Schlafstörungen angebracht. In diesem Zusammenhang wird ein Ausspruch von J. H. Schultz überliefert:

> „Wenn Sie trainieren, um zu schlafen, werden Sie schlecht trainieren und schlecht schlafen; wenn Sie trainieren, um zu trainieren, werden Sie gut trainieren und gut schlafen."

Hier wird auf die *Einstellung* zum Schlaf hingewiesen. Den Schlaf kann man nicht wollen, man kann ihn nur geschehen lassen. Nur wissen wir auch, daß sich diese zweckmäßige Einstellung nicht in jeder Schlafpause erreichen läßt. Und hier zeigt sich der Nutzen des gestuften Kurztrainings.

Allerdings wird man die Pausen nach dem Zurücknehmen(!) nicht mit Bewegungen, sondern mit beliebigen Gedanken ausfüllen. Dabei kann der Geübte leicht wahrnehmen, daß die Intensität der Gedanken von Stufe zu Stufe nachläßt, bis der Schlaf sich einstellt. Eine grundsätzliche Voraussetzung für diesen Ablauf ist aber die Fähigkeit, den Schlaf nicht als etwas Unumgängliches erzwingen zu müssen, sondern ihn mit einer gewissen Unbekümmertheit geschehen zu lassen. Mit anderen Worten: Die Angst vor den Folgen der Schlafstörung darf nicht zu groß sein.

3.5. Behandlung von Funktionsstörungen und Krankheiten

Über diese ursprüngliche psychotherapeutische Aufgabe des autogenen Trainings läßt sich im Rahmen dieses Übungsheftes verständlicherweise nur sehr Allgemeines sagen. Immer muß dem Erlernen des autogenen Trainings eine ärztliche Untersuchung vorhergehen, damit Schädigungen für den Übenden vermieden werden. Die sehr unterschiedlichen krankhaften Zustände, bei welchen das autogene Training heute eingesetzt werden kann, lassen nur eine ganz individuelle Unterweisung und Anwendung zu.*) Es kann daher an dieser Stelle nur aus den drei bisher genannten Anwendungsbereichen eine Art Weiterführung des dort Gesagten versucht werden.

Gemütsbewegungen, wie wir sie bei der Betrachtung der *Selbstruhigstellung* dargestellt haben, können auch bei bestimmten krankhaften Zuständen eine ursächliche Rolle spielen. Das gleiche gilt für die Überlegungen zu den *prophylaktischen Ruhepausen,* bei denen wir ja

---

*) Das schließt natürlich die Unterweisung in Gruppen keinesfalls aus, in denen individuellen Erfordernissen in dem gemeinten Sinne durchaus Rechnung getragen werden kann.

besonders auf die Schwierigkeiten des zeitgerechten „Abschaltens" gekommen sind. Daraus entstehende Dauerspannungen können nachhaltige Funktionsstörungen verursachen. Bei den Überlegungen zu der *Gymnastik des vegetativen Nervensystems"* sind wir schließlich schon an den Bereich von krankhaften Funktionsstörungen herangekommen. Wir hatten dabei schon die Verordnung von beruhigenden und auch anregenden Medikamenten erörtert. In allen Fällen, in denen der untersuchende Arzt die Mitwirkung solcher seelischen oder vegetativen Funktionsstörungen bei einem Krankheitsgeschehen feststellt, ist die Möglichkeit zu erwägen, ob das autogene Training angewendet werden kann. Damit kann aber nicht gesagt sein, daß in jedem derartigen Falle das autogene Training auch zum Einsatz kommen müßte. **Die Entscheidung hierüber muß dem mit dieser Behandlungsmethode vertrauten Arzt überlassen werden.** Nur dieser ist in der Lage, im gegebenen Falle Erfolgsaussichten und Risiko abzuschätzen.

Wenn nun der Arzt das autogene Training empfohlen hat, entsteht für den Patienten eine ziemlich ungewohnte Situation.

Suchte er bisher einen Arzt auf, dann war er gewohnt, daß dessen Anweisungen gewissenhaft zu befolgen waren. Er wußte, daß von dieser Einstellung die Heilung oder wenigstens die Besserung der Beschwerden abhing. Diese Einstellung lag dem Verhältnis des Patienten zu seinem Arzt auch dann noch zugrunde, wenn Skepsis oder gar Zweifel die Erwartung des Erfolges beeinträchtigen.

Nun, beim Erlernen der Selbstentspannung, wird von ihm eine *Veränderung seiner Einstellung* erwartet. Der Arzt oder der klinische Psychologe, bei welchem er das autogene Training erlernen soll, gibt zwar auch seine Anweisungen . Es sind dies aber Anweisungen, die nicht nur (wie in dem vorhergehenden Beispiel) gewissermaßen buchstäblich und pünktlich befolgt werden sollen. Dem Patienten wird jetzt eine ganz bestimmte Selbständigkeit zugemutet. Er soll auch jetzt „3mal täglich" etwas tun. Aber dieses Tun fordert mehr von ihm. Er soll, ob er sich so fühlt oder nicht, ob er sich in der entsprechenden Stimmung befindet oder nicht, bestimmte Übungen durchführen, die mit seinen Beschwerden keinen direkten Zusammenhang haben. Er soll in diesen Übungen eine ganz bestimmte innere Einstellung, eine *passive Konzentration,* einnehmen. Er ist bei diesen Übungen allein mit sich und kann sich im Normalfall nicht jederzeit Rat holen, wenn er ihn zu benötigen glaubt. Wenn ihm Schwierigkeiten begegnen, soll er sie zu Protokoll bringen und zu den vorherbestimmten, meist eine oder mehrere Wochen auseinanderliegenden Konsultationen vorlegen. Dann wird ihm noch die Schwierigkeit zugemutet, diese Fragen möglicherweise nicht nur mit dem Übungsleiter, sondern auch noch mit anderen, gleichfalls übenden Mitpatienten gemeinsam zu erörtern. Bei diesen Besprechungen geht es nicht immer nur um Sachfragen, sondern zuweilen auch mehr um persönliche Probleme. Manchmal handelt es sich um das Vergessen der Übungen, um mangelnde Konzentration, Zweifel und die im Hintergrunde schwebende Unruhe, ob man vielleicht gar nicht geeignet sei, diese Übungen zu erlernen. Andere Patienten treten vielleicht mit „Erfolgen" hervor, und man selbst findet sich ungeschickt und unbeholfen.

Sie sollen durch diese Gedanken, die nur einige Besonderheiten der Situation getroffen haben, nicht unsicher gemacht, sondern nur darauf vorbereitet werden, **daß das Erlernen des autogenen Trainings von Ihnen eine neue Einstellung zum Arzt, zur Behandlung und ganz besonders zu Ihren Beschwerden mit sich bringt.** Das autogene Training wirkt ja nicht mit den ersten Übungen schon auf Ihre Beschwerden ein, sondern meist erst nach einem gewissen Zeitraum regelmäßigen Übens. **Dies bedeutet einen Vorschuß an Vertrauen, das Sie dem autogenen Training entgegenbringen müssen.** Vielfache Erfahrungen beweisen, daß das Durchhalten sich lohnt. Der mit dem autogenen Training Vertraute weiß, daß er mit ihm gewissermaßen ein handliches Werkzeug besitzt, mit welchem er Wirkung erreichen kann, von denen er sich früher nichts hatte träumen lassen.

Die häufigste Anwendung findet das autogene Training im Bereich *vegetativer Funktionsstörungen.* Es sind dies sehr unterschiedliche Erscheinungen, die von dem Betroffenen als störend oder schmerzhaft oder krankhaft wahrgenommen werden, denen aber gemeinsam ist, daß sie sich an gesunden Organen abspielen. **Es versteht sich von selbst, daß die Tatsache der organischen Gesundheit erst einmal durch ärztliche Untersuchung festgestellt werden muß.**

Diese Beschwerden können ursächlich auch mit psychischen, erlebnisreaktiv bedingten Störungen im Zusammenhang stehen, die wir als *Neurosen* bezeichnen. Das Ausmaß einer Neurose läßt sich weder aus der Art noch aus der Stärke der Beschwerden ablesen. Hierzu ist eine besondere Untersuchung notwendig. Man kann, etwas vereinfacht, sagen: Je schwerer eine Neurose ist, um so eher müssen zu den Entspannungsübungen des autogenen Trainings weitere psychotherapeutische Maßnahmen hinzukommen. Es kann sogar in Einzelfällen das autogene Training dann als Behandlung nicht geeignet und so von vornherein eine andere psychotherapeutische Methode erforderlich sein. Dies zu entscheiden, ist nur dem mit diesen Fragen ausreichend vertrauten Arzt oder klinischen Psychologen möglich.

Wenn nun bei dem Vorliegen einer Erkrankung oder einer Funktionsstörung das autogene Training als Behandlungsverfahren eingesetzt wurde, erweist sich meist erst im Verlauf des Erlernens, ob mit den Übungen der Unterstufe eine ausreichende Beeinflussung der Krankheitserscheinungen möglich ist. Hier sei noch einmal wiederholt: **Das autogene Training wirkt nicht schon mit dem Beginn der Übungen oder mit dem Realisieren der ersten Übungsabschnitte.**

Im allgemeinen muß der Patient ein größeres Maß an Geduld aufbringen. In den meisten Fällen werden erst mit dem vollständigen Realisieren der Unterstufe verläßliche Wirkungen eintreten. Manchmal braucht es sogar noch eine wesentlich längere „Fahrpraxis".

In jedem Falle sollte der Patient mit seinem Übungsleiter vereinbaren, wie während der Übungszeit mit der bisherigen Therapie der Beschwerden verfahren werden soll. In manchen Fällen wird sich die Fortsetzung einer einmal begonnenen Medikamentenverordnung nicht vermeiden lassen. Aber auch der Patient muß wissen, daß manche Medikamente, insbesondere Psychopharmaka, die Lernfähigkeit mehr oder weniger stark beeinträchtigen. Das kann bedeuten, daß manche Medikamente das Erlernen des autogenen Trainings erschweren. Schon aus diesem Grunde ist eine sachliche Beratung mit dem Übungsleiter erforderlich.

Damit berühren wir schon den eigentlichen Bereich der Behandlung. Zu gegebener Zeit werden Patient und Arzt bzw. klinischer Psychologe beraten, wie das autogene Training gegen die Krankheitserscheinungen gezielt einzusetzen ist. Es handelt sich hierbei um einen Anpassungsvorgang, der schon während des Erlernens beginnt. Hier erweist sich die alte Praxis der *regelmäßigen Protokollführung* als die beste Hilfe. Der Patient macht täglich Aufzeichnungen über die Realisierung der Übungen, über evtl. auftretende Störungen und gegebenenfalls auch über den Verlauf seiner Beschwerden. Diese Aufzeichnungen werden bei den Konsultationen regelmäßig dem Übungsleiter vorgelegt und mit ihm durchgesprochen.

Es kann durchaus eintreten, daß schon im Verlaufe der ersten Übungen langdauernde Beschwerden nachgelassen oder gar aufgehört haben. Hier wird der Behandler vor übertriebenen Hoffnungen warnen und unter Umständen den Patienten auf ein Wiederauftreten der Beschwerden vorbereiten. Wir finden solche Früherfolge nicht selten bei langdauernden Schlafstörungen. Dabei besteht die Gefahr, daß der Patient die Situation verkennt, eine dauernde Besserung vermutet und in der Regelmäßigkeit des Trainings nachläßt. Treten dann die Beschwerden nach einiger Zeit erneut auf, ist gelegentlich die Enttäuschung so groß, daß das autogene Training ganz unterlassen wird, „da es ja nicht mehr hilft".

Eine *endgültige Beurteilung* der Wirkung des autogenen Trainings auf die Beschwerden und die Schwierigkeiten des Patienten sollte erst nach ausreichender Erfahrung, also etwa nach einem halben Jahr, vorgenommen werden. Meist ist auch erst dann die Entscheidung möglich, ob die Übungen der Unterstufe ausreichen oder ob zusätzliche Übungen angeschlossen werden müssen. Die am häufigsten verwendeten Erweiterungen des Übungsprogramms sind die *formelhaften Vorsatzbildungen* und die *speziellen Organübungen.* Einige Grundsätze der beiden Verfahren wollen wir noch anschließen.

3.6. Formelhafte Vorsatzbildungen

Die Alltagserfahrung zeigt, daß wir immer wieder einmal den Vorsatz fassen, ein störendes oder unzweckmäßiges Verhalten abzustellen. Dieser Vorsatz läßt sich auch bei großem Einsatz an Aufmerksamkeit, Willen und Selbstkontrolle oftmals nicht verwirklichen. Dann resignieren wir und schlußfolgern, durchaus irrtümlicherweise, wir seien willensschwach.

Der Psychologe kann nachweisen, daß eine beabsichtigte Verhaltensänderung eigentlich einen inneren Konflikt auslöst. Die angestrebte Verhaltensänderung, mit welcher der Mensch ein höheres Ansehen, ein besseres Verstandenwerden, also einen zwischenmenschlichen Nutzen erreichen will, muß sich gegen eine gewohnte (erlernte) Verhaltensform durchsetzen. Diese aber ist vertraut, daher bequemer und angenehmer, als die angestrebte, neue Verhaltensform, denn sie ist weniger energieaufwendig. Darum geht dieser skizzierte Konflikt nur zu oft zugunsten des alten „energiesparenden" Verhaltens aus. Der Volksmund weiß einiges zu dieser Erfahrung zu sagen.

Der Entspannungszustand im Anschluß an die Unterstufe des autogenen Trainings bietet eine besonders günstige Voraussetzung für die Entschärfung dieses Konfliktes. An dieser Stelle sollten Sie noch einmal den Absatz 3.1. „Selbstruhigstellung" nachlesen. Daher wirkt der Vorsatz im autogenen Zustand intensiver und nachhaltiger, als wir dies in einem normalen Bewußtseinszustand bisher erfahren haben.

Die Wirkung der formelhaften Vorsatzbildung erstreckt sich in besonderer Weise auf die psychischen Bereiche des Erlebens und des Verhaltens. **Die formelhaften Vorsatzbildungen müssen über längere Zeit regelmäßig im autogenen Zustand an die Formulierungen der Unterstufe angeschlossen werden.** Durch die häufigen Wiederholungen in der Entspannung des autogenen Zustandes wird der Vorsatz immer tiefer in die Persönlichkeit „eingepflanzt" und damit zu gegebener Zeit im Erleben oder/und im Verhalten wirksam.

Für die Formulierungen sollten *einige Grundsätze* beachtet werden. **Die Formeln sollen möglichst kurz, positiv, einprägsam und nach dem Sprachgebrauch des Übenden gefaßt sein.** Es gibt Vorschläge für bestimmte Formen der Formulierungen, z.B. rhythmisch, mit Endreim oder gar mit Stabreim. Man sollte dies alles kennen und bedenken, den Ausschlag gibt aber der Sprachgebrauch des Übenden und seine emotionale Resonanz auf den geformten Satz.

Inhaltlich wichtig ist die *innere Wahrhaftigkeit*. Die formelhafte Vorsatzbildung kann nicht zu dem Versuch gebraucht werden, den Übenden zu etwas zu überreden, was er nicht selbst anstrebt. Irgendwo soll in ihm die Aussage der formelhaften Vorsatzbildung einen positiven Widerhall auslösen. Es muß – wenigstens im Ansatz – ein Bedürfnis vorhanden sein, den gegenwärtigen Zustand zu ändern.

Zur Veranschaulichung sei hier auf die Raucherentwöhnung mit Hilfe formelhafter Vorsatzbildung eingegangen. Alle Formulierungen, ob sie heißen „Zigaretten ganz gleichgültig" oder „ich rauche nicht, zu keiner Zeit, an keinem Ort, bei keiner Gelegenheit", alle diese Formulierungen sind nur dann nach einer bestimmten Zeit erfolgreich, wenn der Übende im Grunde seines Herzens mit dem Rauchen Schluß machen möchte, mit den gewohnten Mitteln von der Gewöhnung aber nicht loskommt. Die letzte der eben angeführten Formulierungen entspricht einem der eingangs angegebenen Prinzipien nicht. Es ist dies die Forderung nach positiver Formulierung. Das Angestrebte, nämlich das Unterlassen des Rauchens, wird hier in *kategorischer Verneinungsform,* gewissermaßen als autoritäres Verbot, formuliert. Diese Sonderform der formelhaften Vorsatzbildung stammt aus Erfahrungen mit der *Alkoholiker-Entwöhnung.*

In den meisten Fällen ist eine genauere Überlegung (in der Regel gemeinsam mit dem Übungsleiter) erforderlich, um die Störung nicht zu oberflächlich zu verstehen und damit unzureichend zu behandeln. Je deutlicher und überzeugender ein hinter der Störung verborgenes Motiv verständlich wird, um so radikaler (also an der Wurzel ansetzend) kann die Störung beeinflußt werden. Das könnte bei dem vorstehenden Raucherbeispiel als erster Schritt die Beeinflussung einer Selbstunsicherheit sein, die als Ausgleichsverhalten immer wieder den einmal erlernten Griff nach der Zigarette notwendig macht.

Betrachten Sie diese Ausführungen nur als Hinweise und Anregungen für Ihre eigenen Überlegungen. Diese allgemeinen Betrachtungen sollten in Ihnen das Verständnis für Zusammenhänge wecken, um die Zusammenarbeit mit Ihrem Übungsleiter bei der Entwicklung eigener formelhafter Vorsatzbildungen zu erleichtern.

3.7. Spezielle Organübungen

Sie dienen der erweiterten Möglichkeit der Beeinflussung körperlicher Vorgänge. Ein gewisser Teil von gestörten Körperfunktionen läßt sich mit den Formulierungen der Unterstufe nicht ausreichend regulieren, auch bei guter Erfahrung mit diesem Abschnitt des Entspannungsverfahrens. Die *speziellen Organübungen* dienen der Beseitigung solcher Störungen. Sie wirken im wesentlichen mit der Vertiefung der Entspannungsvorgänge, die mit der Unterstufe bereits erlernt worden sind, oder mit ihrer Anwendung in anderen Körperbereichen. Im allgemeinen verwenden wir hierzu die *Wärmewirkung* als Träger der Gefäßerweiterung oder die *Kühle* als Mittel zur Gefäßengstellung.

Die Einzelheiten über die speziellen Organübungen und ihre Formulierungen werden Sie mit Ihrem Übungsleiter beraten. Zur Veranschaulichung seien einige Anwendungsgebiete aufgeführt. Wir kennen spezielle Organübungen für Kopfschmerzen, zur Verbesserung der Herzdurchblutung, für asthmatische Beschwerden, für bestimmte Beschwerden im Bauchraum. Ferner gibt es Übungen für Heuschnupfen, für Schlafstörungen und für Hämorrhoidalbeschwerden. Diese Aufzählung ließe sich noch verlängern, hier sollen aber nur Hinweise auf die Möglichkeiten solcher Übungen gegeben werden.

3.8. Oberstufe des autogenen Trainings

Dieser letzte der von J. H. Schultz selbst entwickelten Spezialbereiche des autogenen Trainings war gedacht zur Einübung einer *meditierenden Innenschau* und damit einer selbständigen bewußten Charakterbildung. Die Oberstufe besteht aus einer festgelegten Reihe von Übungen des bildhaften Vergegenwärtigens von Farben, von Gegenständen und von Personen. Sie ist nie bei großen Patientenzahlen angewendet worden. Zu einem Teil ist sicher auch die Entwicklung neuer, wissenschaftlich begründeter psychotherapeutischer Verfahren, besonders im Bereich der Gruppenpsychotherapie, für die geringe Bedeutung der Oberstufe verantwortlich zu machen.

Für das Erlernen der Oberstufe war eine Voraussetzung, daß der in der Unterstufe Erfahrene für mindestens eine halbe Stunde in der autogenen Versenkung verbleiben konnte. Diese, normalerweise in einzelnen Schritten erlernbare Ausdehnung der Entspannungszeit, wir bezeichnen sie heute als *autogenen Zustand,* können wir auch für einige andere Aufgaben nutzen. Es sind dies die bereits besprochenen *prophylaktischen Ruhepausen,* aber auch für die Anwendung *spezieller Organübungen* und *formelhafter Vorsatzbildungen* läßt sich der autogene Zustand gelegentlich gut nutzen.

Der mit dem autogenen Training erfahrene Psychotherapeut wird auf die Verwendung der Oberstufe verzichten können. Für ihn sind die Einsatzmöglichkeiten der formelhaften Vorsatzbildungen so umfangreich, daß er mit ihnen – und vielleicht einigen neueren Verfahren der „Autogenen Therapie“ – ausreichende Behandlungsmethoden zur Hand hat.

Gelegentlich fragen Patienten nach Hinweisen für eine selbständige Arbeit mit der Oberstufe. Hier scheint sich auch in unserem Lande die Wirkung der Werbung für meditative Verfahren aus anderen Kulturen (wie z. B. Yoga, Transzendentale Meditation u. a.) zu zeigen. Aus ärztlicher Sicht und besonders aus der Sicht des mit den autogenen Methoden vertrauten Psychotherapeuten besteht kein Anlaß, derartigen, wissenschaftlich nicht begründeten Verfahren mehr Aufmerksamkeit zu schenken, als es auch andere kommerziell fundierte Modeströmungen verdienen.

3.9. Schwierigkeiten im Verlauf des autogenen Trainings

Nicht selten stellen sich im Verlauf des autogenen Trainings körperliche Mißempfindungen, aber auch störende Sinneseindrücke, Unruhezustände u. ä. ein, die den Übenden beunruhigen und daher die Entspannung beeinträchtigen. Aus neueren Untersuchungen von Wolfgang Luthe wissen wir, daß es sich dabei nur scheinbar um Störungen des Trainingsverlaufes handelt. Diesen von ihm *autogene Entladungen* genannten Vorgängen liegt eine bestimmte Intensität der Nerventätigkeit zugrunde, die durch den Entspannungszustand gewissermaßen unterbrochen worden war. Solche autogenen Entladungen können auch in Bereichen auftreten, deren Störungen wegen Sie sich in Behandlung befinden. In jedem Falle sollten Sie derartige körperliche Mißempfindungen im Protokoll festhalten und mit Ihrem Übungsleiter besprechen, zunächst sind sie aber kein Grund zur Beunruhigung.

Die häufigste Schwierigkeit beim Erlernen des autogenen Trainings ist eine unangemessene, *aktive Konzentration auf die Wirkung* der einzelnen Formulierungen. Das autogene Trianing wird durch eine **passive Konzentration auf die Übungsformulierungen** und die mit ihnen verbundene Vorstellung ihrer Wirklichkeit realisiert. Die **Wahrnehmung** der Wirkung, also der Umschaltung der verschiedenen Körperabschnitte entsprechend den Formulierungen, **kann** mit der Umschaltung **eintreten,** sie muß es aber nicht. An dieser Stelle sei an den letzten Absatz des Abschnittes 1.2. erinnert, der aus etwas anderer Sicht die Bewertung der Wahrnehmungen kritisch betrachtet. Wenn im Zusammenhang mit dem autogenen Training von Konzentration die Rede ist, meinen wir immer die *passive Konzentration,* wie sie im Abschnitt 1.3. geschildert wird.

Eine andere Schwierigkeit kann sich im Verlaufe der Übungen einstellen. Sie wurden bekannt unter dem Begriff des **„Leerwerdens der autogenen Formeln“.** Bei den meisten Übenden automatisiert sich das autogene Training um so mehr, je länger sie sich mit ihm beschäftigen. Die Formulierungen laufen dann monoton und gleichmäßig ab wie ein Tonband. Diese Automatisierung erleichtert den Verlauf. Der Trainierende hat nach der Automatisierung bei der Vergegenwärtigung der Formulierungen eine größere Freiheit zur passiven Konzentration und damit auch zur Realisierung im Vergleich zu den ersten

Wochen und Monaten, in denen er das autogene Training erlernte. Aber nicht nur die Vorstellung der Formulierungen automatisiert sich auch die Realisierung der körperlichen Umschaltung.

In Einzelfällen tritt nun zwar die Automatisierung der Formeln (im Sinne des „Tonbandes") ein, nicht aber die parallele *Automatisierung der Realisierung.* Dieses *„Leerwerden der Formeln"* führt zu einem Abgleiten vom Text, zu einem Widerwillen gegen das Üben oder auch zu einer automatisch auftretenden Gedankenlosigkeit. Bei solchen Störungen ist der einzig gangbare Weg der kurzfristige Neuaufbau des autogenen Trainings von der ersten Übungsformulierung an: „Der rechte Arm ist ganz schwer". **Dabei ist besondere Aufmerksamkeit auf die Begrenzung der Übungszeit zu legen!** Vielfach ist gerade die Nachlässigkeit in der Zeitbegrenzung für dieses Leerwerden der Formeln verantwortlich. Der weitere Aufbau der Unterstufenübung kann zügig vor sich gehen, wie es im nächsten Abschnitt noch einmal erläutert wird.

Das Leerwerden der Formeln sollte nicht verwechselt werden mit der physiologisch bedingten Nicht-Wahrnehmung der Realisierung in Zuständen innerer Unruhe oder Spannung, wie wir es in Abschnitt 3.4. beschrieben haben. Der Unterschied läßt sich für jeden Übenden leicht nachweisen anhand der dort beschriebenen Technik der gestuften Kurzübungen.

Eine letzte Schwierigkeit, häufiger als das „Leerwerden der Formeln", tritt ein, wenn **der Übende** das autogene Training **„verlernt"**. Das tritt nicht selten ein, wenn er das Ziel des autogenen Trainings erreicht hat, nämlich die Beseitigung der Beschwerden, und dann mit dem Üben nachlässig wird oder aufhört. Dabei kann ein Teil der erlernten Automatisierung verloren gehen. Meist merkt der Übende dies, wenn neue Beschwerden zur Wiederaufnahme des autogenen Trainings führen. In einer solchen Situation entsteht der Eindruck, das autogene Training sei völlig verlernt worden. Die Enttäuschung hierüber kann ein zusätzliches Hindernis für die erneute Realisierung werden.

Auch in diesen Fällen ist es ratsam, das autogene Training, mit der ersten Formulierung anfangend, neu aufzubauen. Dies gelingt meist in wenigen Tagen wieder bis zu der einmal erlernten Vollkommenheit der Realisierung.

In allen Fällen von Störungen, auch solchen, die hier nicht genannt wurden, ebenso wie in den Fragen der Anwendung und spezieller Formulierungen beraten Sie sich mit Ihrem Übungsleiter.

Zum Schluß soll noch eimmal der eingangs gegebene Rat wiederholt werden, der für alle diejenigen Leser gilt, die aus Interesse oder aus ernsthaftem Bedürfnis nun den Versuch machen wollen, das autogene Training zu erlernen. Diese kurze Anweisung reicht in der Regel dazu nicht aus und ist eigentlich auch nicht für diesen Zweck geschrieben. Sie soll Ihnen einige Vorstellungen über das autogene Training vermitteln und Ihnen beim Erlernen des autogenen Trainings eine Hilfe sein. Zuverlässig erlernen werden Sie es aber nur unter der Anleitung eines mit der Methode vertrauten Arztes oder klinischen Psychologen. In Zusammenarbeit mit ihm wird Ihnen dieses Büchlein gute Dienste leisten.